La Fusta De Los Alibabas
AFECTACIÓN A LA HUMANIDAD

Mariano Morillo B. PhD.

Gotham Books

30 N Gould St.
Ste. 20820, Sheridan, WY 82801
https://gothambooksinc.com/

Phone: 1 (307) 464-7800

© 2025 *Mariano Morillo B. PhD*. All rights reserved.

No part of this book may be reproduced, stored in a retrieval system, or transmitted by any means without the written permission of the author.

Published by Gotham Books (August 27, 2025)

ISBN: 978-1-0882-8973-0 (P)
ISBN: 978-1-0882-9013-2 (E)

Because of the dynamic nature of the Internet, any web addresses or links contained in this book may have changed since publication and may no longer be valid.

The views expressed in this work are solely those of the author and do not necessarily reflect the views of the publisher, and the publisher hereby disclaims any responsibility for them.

ÍNDICE

INTRODUCCIÓN 1
CAPITULO I 5
   ESPLENDOR DE LA REDENCIO'N: 5
CAPITULO II 9
   VISOR DE REDENCIO'N 9
CAPITULO III 13
   DEFINICIO'N 13
CAPITULO IV 17
   DESAPRENSIO'N 17
   Entonces sugirió Dios: 25
   DESILUSIÓN : 25
CAPITULO V 37
   DINAMISMO 37
CAPITULO VI 41
   ESENCIA: 41
   CONSAGRADO AMOR. 45
CAPITULO VII 47
   NO SE QUIEREN< SE PERSIGUEN. 47
CAPITULO VIII 55
   CONDICIONAMIENTO Y MALICIA 55

CAPITULO IX 59
    PERSIGUIENDO UNA ILUSIO'N 59
    HIMNO DE REDENCIO'N: 61

CAPITULO X 65
    EL KARMA DE LOS PUEBLOS: 65

CAPITULO XI 69
    ACIONES CONSPIRATIVAS Y TRAIDORES PONDERADOS. 69
    LITIGADORES DEL MAL. 73
    CAMINO AL ANDAR. 76

CAPITULO XII 77
    BU'SQUEDA DE CONDICIO'N 77
    LOS POPIS FRENTE AL GOBIERNO, Y LOS BLA BLA, PADECIENDO. 79

CAPITULO XIII 83
    'IDIOSINCRA'CIA 83
    ELLA BAILA ASI' 89

CAPITULO XIV 91
    EL SALTIMPANKI 91

CAPITULO XV 97
    EL BACA' DE SENO ALCALA'. 97

CAPITULO XVI 101
    PRUEBAS DE VIDA 101
    ZORROS DEL CAMINO 102

YO TAMBIEN TENGO DERECHO 105

PLEGARIA DE JUSTICIA 107

CAPITULO XVII 109

QUIERO ENTENDER TU MIRAR. 109

LOS GALLOS Y LOS JOCEADORES. 111

CAPITULO XVIII 113

KAN, KROKI PINTURA Y DAN 113

CAPITULO XIX 119

ANTECEDENTES 119

CAPITULO XX 123

TURBULENCIAS DE LOS MARES Y EXTENSIO'N DE LOS OCEANOS. 123

CAPITULO XXI 131

CONSAGRACIO'N. 131

CAPITULO XXII 139

A'REA DE DEMOSTRACIO'N 139

LLEGADA Y EXPLORACIO'N DE COLO'N Y SU TRIPULACIO'N. 140

CAPITULO XXIII 143

CONTEXTO DE MISERABLES 143

EL PERIODISTA ENCUBIERTO 147

CAPITULO XXIV 151

ABERRANTE CONDICIO'N 151

WASHINGTON HEIGHTS, LOS JUDIOS, EL HOMBRE DE DIOS, Y LAS MURMURACIONES. 153

CAPITULO XXV 171
    LOS TIMADORES: 171
CAPITULO XXVI 175
    Haití Estado Isleño 175
CAPITULO XXVII 183
    GESTIO'N DE DOMINICANIDAD 183
    INDEPENDENCIA DE LA DEPENDENCIA 184
    SOL DE AMOR. 186
CAPITULO XXVIII 189
    RECONOCIMIENTO 189
    JUAN PABLO DUARTE 192
CAPITULO XXIX 195
    EVOLUCIO'N Y CONSTITUCIO'N SOCIAL DE LA NACIO'N 195
CAPITULO XXX 203
    GESTIO'N DE DESHONOR 203
CAPITULO XXXI 207
    FRAUDES Y DESARMONIA. 207
    SER Y PODER 209
CAPITULO XXXII 213
    NUEVAS SENDAS EN EL ANDAR 213
CAPITULO XXXIII 215
    NACIO'N SIN COMPRENSIO'N 215
CAPITULO XXXIV 221

PRIMERA REPU'BLICA Y LA FUSTA INJUSTA............ 221
CAPITULO XXXV 223
   EL DINERO LOS TENTO' 223
CAPITULO XXXVI 229
   KAN Y LOS TIMADORES 229
CAPITULO XXXVII 237
   OLVIDADIZOS Y SINVERGUENZOS. 237
   CONFE, FINO, Y DANILO. 248
CAPITULO XXXVIII 251
   INPREDECIBLES JOCOSIDADES. 251
   EL GUERE, GUERE 253
   AIRE DE TRANSFORMACIO'N 255
   FUIMOS DOS, ELLA Y YO. 255
CAPITULO XXXIX 257
   LOS HAITIANOS FRENTE A LA INMIGRACIO'N 257
   PECULIARIDADES. 258
CAPITULO XL 265
   DICTADURA Y CONTROL 265
CAPITULO XLI 269
   EVASIO'N Y CORRUPCIO'N ADUANAL 269
CAPITULO XLII 277
   OPERACIÓN RESCATE. 277
   KAN FRENTE A SU ACCIONAR. 280
CAPITULO XLIII 281

El PLANETA 281
CAPITULO XLIV 285
    DELINCUENCIA Y TOLERANCIA: 285
EPILOGO 303
SINOPSIS 309

President Donald J. Trump

Bestows Upon

Mariano Morillo

of

New York, New York

Inclusion in The
REPUBLICAN PRESIDENTIAL HONOR ROLL

The said, in worthy and honest pursuit, has unequivocally earned this good and high tribute in recognition of the undying commitment, patriotic loyalty, and dedication of service to President Trump and the United States of America.

September 18, 2024

_____ _____
Donald J. Trump   J.D. Vance

CERTIFICATE
OF MEMBERSHIP

This certificate is proudly presented to

MARIANO MORILLO B.Ph.D.

UNITED WRITERS ORGANIZATION - AMERICA'S TOP
& LEADING PROFESSIONAL ORGANIZATION OF
INDEPENDENT WRITERS & ARTIST.

BILLY MEEKS
COMMITTEE

MARTHA SUTHERLAND
DIRECTOR

INTRODUCCIÓN

Desde tiempos generados en las nieblas de los siglos, durante el periodo de la creación, los dioses experimentaron la lucha de lo contrario y mostraron cómo el más fuerte se impondría sobre el más débil y el más grande al más pequeño, enrolándose en aberrantes competencias, que obviamente al ser el hombre producto del patrón de la creación, también fueron herederos de tales beligerancias, donde cada cual respondería al mejor postor con sumisión o con rebelión.

Esta novela muestra los pormenores del encuentro de las dos culturas, y en función de la acción, tal cual en el principio se generó, asi vendría a ser la herencia de otras generaciones.

En esta obra el autor muestra un toque de ficción de una realidad, que conduce a definir las vivencias de la humanidad, desde la llegada de Colón al nuevo mundo.

Entre tales conjugaciones, debemos decir que este libro es una novela histórica que trata de demostrar cómo ha evolucionado el continente americano, desde el momento del encuentro de las dos culturas y cómo una, se impuso a la otra y los medios utilizados para tal propósito, pero sobre todo, buscamos destacar las relaciones políticas y sociológica de la América Latina, pero sobre todo de la republica Dominicana, frente a la población haitiana, y principalmente a la descentralización de América latina y cómo el estilo de sobrevivencia de los hispanoamericanos en los estados unidos, mostró la marca de la debilidad y la dependencia, cuando pudiendo estar unidos, aunque fuera para ser cola de León , pretendieron ser cabeza de ratón, aubque tuvieran someterse a vivir bajo la disposición del más fuerte,

Veamos la particularidad del dominicano como descendencia aproximada a los que llegaron al nuevo mundo, siendo la particularidad de la hispanidad.

Muchas personas tienen muy mal concepto del dominicano en el extranjero, sobre todo por ese estilo extrovertido y atrevido que manifiesta aquel en su medio ambiente, en ocasiones tomándose atribuciones sin que se le invitara a tomársela.

Pero no todos son iguales, no todos son patanes, confianzudos y bandoleros, entre ese grupo que se comporta como chusmas, también hay intelectuales, peloteros, profesionales, y personas respetuosas.

Como hemos comentado no son todos los dominicanos que se incluyen en las bestialidades narradas en este libro, pero ese grupito dedicado al servilismo afectando muchas veces a su propia comunidad, ha sido el que ha tirado al zafacón a la mayoría, y como por uno pagan todos, no son todos los que están, ni están todos los que son.

Sin embargo, los conscientes que lean este libro, entenderán el propósito.

También es bueno señalar, que los pocos Españoles que integraban la tripulación de Colón eran segundones y terceros, es decir, eran hijos sin herencia que existían en ese entonces en España, debido a que los hijos primogénitos, eran los verdaderos herederos, por lo que se cree que los hermanos Pinzón eran de esos segundones y terceros, que habían sido convencidos con las promesas de fortunas, por lo que se habían aventurados con Colón, en tan dificultosa empresa, tras la esperanza de alcanzar fortuna.

Ahora bien, por otro lado hemos estado pensando en las acciones del ser humano y nos cuestionamos ¿Por qué el hombre se mueve en el peligro como un robot, aun sabiendo que todo lo sembrado se cosecha?

¿Por qué ha permitido que el libre albedrio se apodere de sus sentidos?

He aquí, la auto-critica del despertar, para la transformación social.

Todo esto y mucho más os despertarán, ayudando al lector a escapar de la maldad para reencontrar la verdad y la bondad que lo conducirá a la paz.

Sin embargo la paz no florecerá, ni mostrará su esplendor, mientras las injusticias se exhiban como un galardón, y en tal propósito el hombre deberá controlar su ambición y fomentar la justicia en el esplendor del amor.

Mariano Morillo B. PhD. El autor de la redención, constantemente anda tras la búsqueda de la verdad, en su intento de retro alimentar a la nueva generación a fin de que encuentre la comprensión para un punto de partida hacia un mundo mejor, nos entrega: "LA FUSTA DE LOS ALIBABAS: Afectación a la humanidad," la novela histórica dónde se destacan la guerra y la paz, tras la búsqueda de la felicidad.

Exploremos este contenido, para entender los tiempos vividos.

CAPITULO I

Nada es verdad , ni es mentira,

todo se enmarca en función

del cristal con que se mira por eso.

"detrás de algún aparente bienestar,

hay una organización criminal"

ESPLENDOR DE LA REDENCIO'N:

La malicia mezclada con la negligencia, es un tormento para la decencia, porque de nada sirve conspirar, cuando el triple de sus maldades se les va a regresar, y es que nadie escapa la justicia divina por eso lo que des, recibirás.

Es la razón por el cual, muchos de los que se creen elegidos, también tendrán su castigo, el dinero y el poder, es para ayudar, no para abusar, ni ultrajar.

Siempre he pensado en los estilos particulares del ser, en los demonios que nos invaden, en las sorpresas que la vida nos otorga, no somos talón de Aquiles, ni caja de pandora, los intereses nos crecen y aun así, hay día que simulo mi alegría para que los tristes se sientan acompañados, se les reduzca el estrés y sean felices al pensar que yo estoy triste, porque el egoísmo del hombre ha crecido tanto en la tierra, que ahora el ser humano suele reírse de tu dolor, y entristecerse con tu alegría.

Después de estar en este plano, simplemente comienzan a pasarte cosas, que esporádicamente pensamos que carecen de justificación y razón, pero nada es casual, nada pasa por pasar, los seres no vinimos al planeta por venir, no hemos llegado a pasear.

Estamos aquí, porque hay algo que pagar o cobrar, cabalgando en la montura de llegar o alcanzar.

A nuestra percepción siempre se revelará el amor o el dolor, y de acuerdo a la acumulación en la cuota del bien, o en las pruebas del mal que desde la creación ha generado la lucha de lo contrario que opera en el libre albedrio, definiremos el karma existencial, que justificará la razón de la rueda de la rencarnación o lo que es lo mismo, de la resurrección, del partir y el regresar para lo que se generó y no se resolvió.

Aún no sé ¿Por qué? me llamaron Chalino Mendoza, pero aquí estoy sobre cualquier cosa, como un visor de redención le voy contando lo que he visto y vivido, lo que he asimilado y aprendido sobre las experiencias del amor y el dolor, pero también les estoy hablando de pueblos y gentes que expandieron sus glorias y sus desgracias, como dardos contagian tés de amor, dolor, y desamor, por lo que viendo la naturaleza, que el hombre siempre estaba presto a recurrir al libre albedrio para dificultarse la vida, creando cizañas y beligerancias contra sí mismo, indujo a que los dioses no aceptaran el libre albedrio, que Jehová les ofrecía, y que estos no aceptaron, por lo que el libre albedrio genera resultados que cargan el Karma, quedando estipulado solo para la tierra, mientras que la vida que las entidades ejercen en la tierra, se asigna o se escoge, antes de nacer, mientras que en el libre albedrio se genera el karma que es a lo que las religiones le llaman pecado.

En cambio, la vida asignada o escogida, es lo que se define como destino, que es el verdadero propósito de la misión que cada alma encarnada, viene a experimentar en la tierra.

Hagan lo que hagan, no podrán conmigo, soy el más flexible y ese es mi destino, soy un ganador y es mucho mi amor.

Llegó el Dios de mí ser, a definirme como un ser de amor y algunos refiriéndose a mí decían:

----- Chalino Mendoza es simpático y muy atento,--- Y yo que iba pasando la sorprendí:

----- Ay, está hablando de mí, te suelto la pluma por un rato y me hace creer que volé, y que como una aparición llegué, bueno, déjame tomar mi función de escritor, lo que quise decir es que mientras andaba por la 182 y St Nicholas, entoné una canción que decía:

----- "Vámonos con Dios, dice tía Margó, si ellos no te llevan, me la llevo yo".

Palomina me miró y se sorprendió. Y luego volvió a mirarme y se sonrió, en cambio yo, me deslumbré con su manera de ver y me sentí como el visor de la redención.

CAPITULO II

Gracias señor, que me

has permitido mantener el equilibrio,

para hacer frente con honor,

a las pruebas de la redención.

VISOR DE REDENCIO'N.

Yo miro en la distancia, y elucubro tu mirada, y veo que lo que está, fue creado de la nada, por lo que miro y veo, me he tornado en un visor de redención en la bondad de tu amor, y así fue, que en la grata esperanza del camino, pudo sondear lo que era su destino, y vio que los fanáticos de la ambición, generaban mecanismos de opresión, para manipular y esclavizar a la población, no tenían piedad, no tenían amor, querían lo de ellos y lo de los demás.

No tenían amor, no tenían piedad, ojos que miraban sin que fueran vistos, crearon pecados a los desgraciados, marcándolos a todos como a sus ganados.

Hasta que escogieron al crucificado, para presentarlo como un hombre malo, esa fue la forma de justificarse hordas de salvajes tomaron el palo, allí lo clavaron, lo crucificaron y entre medio de él habían dos ladrones, para hacer creer que tenían honores.

Con brazos abiertos allí los dejaron, sembraron oprobios, eran como lobos,

Colmillos afilados contra los más frágiles, gritos de lamentos tejieron tormentos, su madre lloraba dolida por dentro.

Más yo repetía, es el redentor un hombre de Dios, todo lo que da, lo da por amor, lo hace con pureza desde el corazón.

Sus actos son puros, sin mala intención, pero el opresor que parecía ciego, no quería escuchar, solo la maldad le otorgaba paz.

Por esa razón de la inmolación, se condujo al pueblo a la rebelión, rompiendo cadenas, rompiendo obstrucción, así la justicia se haría redención.

Gracias señor que lo que fue pereza y decepción, lo hicisteis alegría, gloria y redención.

Así me convencí que cuando Dios te toca, la vida es regocijo, y descubrí lo feliz que en lo adelante estaría llamado a ser, el que lo tiene a él.

Me sentí tan sonriente y gracioso que la pena y la gloria son caminos juiciosos, qué armonía iba viviendo, pues ni el bien, ni aquello que parecía mal, me habían podido frenar.

Oh glorioso señor! Qué tan grato es tenerte! Si por donde me muevo, ando en gracia y amor.

¡Qué ternura señor, que toda la riqueza le sonríe a la pobreza para hacerla su amor.

¡Qué feliz que la gracia y la gloria se muevan sobre mí.

Todo es gracia y hasta por respirar las gracias te he de dar.

Voy andando por gratitud y virtud, de lo más magnificente que ahora me otorgas tú.

Te doy gracias por la salud y la juventud, esa que eternamente has reservado tú.

Digo que soy feliz y las gratas bondades se conjugan en ti.Oh, señor, y todas esas bondades son gratitud de amor.

CAPITULO III

Uno de los grandes males del planeta
es que tras bastidores, existen malvados
que privando en buenos, creen que pueden
Confundir al cielo, ignorando que el espíritu
denunciará sus intenciones.

DEFINICIO'N

Entonces todos entonaban al unísono el coro de la redención:

"Ya llegó el tiempo de la justicia, y los malditos perecerán, no tendrán gloria ni tendrán paz, sólo la muerte los seguirá"

En realidad los tiempos se habían tornados difíciles, sucumbía a gritos el reinado de los conspiradores, la hipocresía les había podridos las encías, sus mentiras se había tornado en el veneno que los auto-destruía, el dulce les sabia amargo, sus consciencias aun hoy les revientan.

Con Dios estaré en control, sin que importe los niveles de las conspiraciones, que las pirañas del sistema, enarbolen contra mí.

En realidad, se hablaba de una mafia contextual que se movía desde un pedestal central, sus ramificaciones se extendía desde New york a República Dominicana y otros lugares aledaños donde las naciones eran las prótesis del desorden.

Muchos se preguntaban qué era la mafia contextual:

Eran seres mezquinos, desvergonzados, y conspiradores, creyentes de que lo que era de otros le pertenecía y tras del fraude y la usurpación se guarecían buscando la forma de apoderarse de lo que no les pertenecía, o mejor dicho, eran amantes de lo ajeno, muy pocas veces o nunca daban el frente, usaban testaferros cínicos, bandoleros sin consciencia, locos irreflexivos que obedecían como zombis enfermizos, capaces de las peores bajeza en el marco de la injusticia.

Pero, Para no darle una respuesta por definición, les voy a dar un ejemplo como apreciación:

Si tu creas un producto o una obra, y tú pagas para que te la publiquen o la pongan en el mercado, y con tu producto se generaron por acumulación 2.72 y te están extendiendo el tiempo para entregarte tu dinero o solían usar cualquier pretexto, a través de algunas sectas o conspiradores, justificándose haciendo creer que tu tenía algo que ver con ellos aunque no fuera así, porque de hecho su hipocresía era una de las vías a través de la cual pretendían confundir o influir para conspirar contra tus intereses, o si te tocaba una compensación y sin tu saber cómo o por qué, aquellos conspiraban con la intención de despojarte del cincuenta por ciento, así era la mafia de ese entonces que se mostraba como buena y servicial, disfrazando la mentira, con la verdad al grado de convertir en robot programados a los miembros de una sociedad para a través del fraude malversar la asignación social del conglomerado, o de cambiar en el libre albedrio todo aquello que escogiste o se te asignó antes de nacer, usando para el mal, en el libre albedrio, el poder que debían usar para el bien, dificultando así el acceso a lo que por toda la causa, te pertenecía como asignación o selección de tu destino para esta vida terrenal.

Gracias a Dios que me iluminó, que mi conciencia se despertó, porque algunos dominicanos se estaban dejando usar, por sectores de la oscuridad, que cambiaban dinero por maldad.

"Tu acelera mi corazón en su latir, porque tú me haces vivir".

Mi abuelo solía decirme que me pusiera a leer la biblia para que asimilara sus enseñanzas, fuera sabio, y entendiera el contenido diferido, porque por encima de las críticas de sus detractores, la biblia enseñaba a vivir en paz con uno mismo y a no dejarse provocar de los inconscientes, y agregaba que no se podía esperar lo mejor de un cristiano que no leía la biblia, por eso eran los primeros en generar los peores ejemplos contra los cristianos, esos acababan siendo los fanáticos que asumían el rol de los falsos profetas y serían los primeros que justificarían la maldad como una forma de servir a Dios, esos serían los que en ignorancia, robarían a los pobres, para hacer más rico, a los ricos, porque eran herederos del linaje de los que persiguieron y crucificaron a Jesús.

Ellos fueron los que vieron a Jesús en vida como una amenaza contra sus intereses, y después para beneficiarse de su martirio, manipularon la verdad para hacerlo una religión y no una forma de vida, para poner a los pobres a pagar los tributos que la muerte de Jesús les había quitado de las manos, viendo esto, queda claro, que seguirá siendo esclavo, quien ignore la verdad. ser libres, es decir, la libertad, es para aquellos que hayan apendido y comprendido, el poder de discernir.

No sabía que eran tan mezquinos, pero mientras más se vive más se aprende, y recordé cómo le hablaba la abuela a mi madre:

---- Hija, dejas a ese hombre, que no te convienes…Bueno, esta advertida, "el que por su gusto padece, sus penas les sean de gloria"--- Le insistía.

Entonces, empezó a llover con una intensidad de esas que solo el trópico mostraba, luego mirándome con ternura mi amada la niña Alba, me reiteró lo que yo sabía y estaba mirando:

---- Está lloviendo y el corazón lo está sintiendo---- Dijo, yo le sonreí, y le hice una caricia breve sobre el hombro derecho, entonces me correspondió con un abrazo, esperamos un largo rato antes de que acampara, entonces me percaté de que ella lloraba al tiempo que me decía:

---- Estoy preocupada por todo, ellos me enviaron a conquistarte, y yo he sido la conquistada, estoy enamorada de ti, antes, eras tú contra todos, ahora somos nosotros contra ellos, tal vez, ahora que estoy contigo, te dejen en paz.

---- Así es, a ellos no le queda de otra, que tranquilizarse, a Dios no le gustan los injustos, y muchos menos, las injusticias, por lo mismo no hay que preocuparse, ellos podrán insistir en hacerme sombra, pero mi brillantez es mayor que el resplandor de sus malicias.

CAPITULO IV

DESAPRENSIO'N

La hipocresía y el cinismo son los abrigos de los mezquinos, mientras que su inconsciencia se tornó fosa de sus creencias, y el fanatismo se hizo destino de su eslabón perdido.

-----Ellos operan en silencio, pero me da la impresión que de alguna manera están relacionado con las religiones, y nada ha de dudarse, primero se creyó en lo plano, luego en lo redondo, lo que ayer fue, hoy sigue siendo aunque modificado, lo único inalterado es la esencia, la forma puede variar, el contenido no, lo negro es negro, aunque se pinte de rubio.

----- Puede ser, pero yo más bien, diría que son herejes y sectarios que buscan justificarse en el error, las sectas se niegan a entender que nunca ha existido la parálisis de la creación, porque desde el mismo momento en que se concibió como tal, empezó su proceso evolutivo, y uno de los grandes males del planeta es que tras bastidores existen malvados que privando en buenos, creen que pueden confundir al cielo, ignorando que el espíritu denunciará sus intenciones.

----- Qué intentas significar?--- Preguntó ella.

----- Lo que quiero decirte, es que alguna vez me gustaría oír decir a los hombres comunes la expresión: " soy un libertador, no un opresor, si alguna vez estuve dormido, ya desperté", la iglesia no es el edificio, el templo somos cada uno de nosotros, por lo que debemos aprender a comportarnos, los falsos profetas se han infiltrados en la iglesia para confundir a la gente e inducirla por el camino de los perdidos por eso de que cuando el hombre se está ahogando le brota el egoísmo, e intenta envolver al otro en su destino, la gente anda cada día más confundida e imbuida en el fanatismo.

---- Sé más explícito por favor.

Está bien, nadie escapa de la justicia divina, por lo que, de lo que des, recibirás, por eso es que cuando en el libre albedrio opera erróneamente, aunque te creas elegido, recibirás tu castigo, frente a las injusticias Dios se te muestra imparcial y sin impunidad, el dinero y el poder, es para ayudar, no para abusar, muchos seres son cobardes, oportunistas, maliciosos, y muy prestos a burlarse de quienes ellos creen inferiores, privan en tigres, pero en realidad no son más que gatos aullantes, perros ladradores y sumisos, por eso de que "perro que ladra no muerde".

---- ¿Pero de quien hablas?--- Preguntó ella interrumpiéndolo.

---- Ellos saben quiénes son, porque si van conduciendo un carro y ellos andan detrás de ti, van tocándote la bocina en su afán de saltarte por encima, y si te echa a un lado y le cede el paso, te insultan con una palabra obscena que ignoramos de qué forma se la introducen en la boca, mientras más ruidos hacen mayor es su naturaleza de gato, si descubren que tu cargas, una silla hermosa para sentarte se fijan muy bien en qué momento te descuidas para hurtártela, a pesar de su fatalismo suelen usar la mentira como cobijas, cuando una mujer hermosa pasa por donde ellos andan, se le adelantan y andan delante de ella para luego decir que las mujeres le andan atrás, pero eso no se queda ahí, son unos aguajeros de primera, cuando no tienen que comer, se toman un vaso de agua y se ponen un palillo en la boca para hacerle creer al vecino que ya comieron.

---- Ahí, no me digas más que ya sé quiénes son, es tanto así que algunos de ellos suelen decir, que son , una de las doce tribus perdidas de Israel.

---¿Qué comiste que adivinas, cómo lo supiste?

--- Yo aún no te he dicho quiénes son, pero quien más, que nuestra gente, el Dominicano es el único que hace todo lo que tú has dicho.

Es duro admitirlo pero...¿ para qué negarlo? Alguien tiene que decírselo para ver si se corrigen.

--- Estoy de acuerdo, sobre todo porque su ignorancia y su mente de pollo los conduce a pagar por cosas de la que son inocentes, porque su actitud disparatada los lleva a dejarse usar de todo el que lo desee, y la mafia contextual no es ajena a esto, por eso suele camuflagearse tras sectas y religiones, para encubrir sus maldades que van desde fraudes, robos, manipulaciones, mentiras, engaños, asesinatos, ellos son los falsos profetas de la era apocalíptica.

Un pueblo sin formación, se alimenta del error, la formación se inicia en casa, la educación se fundamenta en la escuela, la instrucción es propio de las academias, ya sean militares, técnicas o comerciales,

Desde la óptica de este preámbulo, reafirmaremos que las lenguas, las hacen los hablantes, dando a luz a los regionalismos, a los aforismos, a los barbarismos e incluso a la dialectología.

Hay lugares de regiones contextuales del continente, donde nos vamos a encontrar con la belleza excelsa, pero que al abrir la boca te causan desilusión y la belleza exterior es como una anacrónia de la decepción, o más bien algo así, como una pesadilla interior ya que tan solo se cultivan el cuerpo, pero no se abonan el alma, y cuando la invita a salir, y le dice:

------ Me gustaría invitarte al cine este próximo domingo.

Ella sin disimular, se dispone a contestar:

---- "Poi mi, fleta de amoi, pero, déjame vei, si yo vora a podei" Todos estos regionalismos se agudizaron en los descuidos gubernamentales de no hacer una buena inversión en la educación.

Todo esto viene porque en una ocasión entré a una bodega de esos que los dominicanos le llaman colmado donde por cierto se venden provisiones de consumo cotidiano, mientras estuve ahí vi llegar a una dominicana, el que atendía la tienda era un joven Árabe que desde que la vio entrar la saludó:

--- E ha, cómo está?. ---- Le dijo,

--- Aquí con la pampara encendida.---- respondió, ella.

El Árabe se sonrió y le dijo:

----Oh, déjame decirte como dicen ustedes, "hambre que espera llenura, no es hambre", el miércoles estaré libre, saldremos y te apagaré la pampara.

En realidad, ella no sabía de qué el Árabe le hablaba.

Yo había contemplado su condición limbatica por lo que le pregunte:

------ ¿Qué es la pampara?-

Ella me contesto como titubeando:

------ Bueno, es algo como… No decir nada, pero intentando decir algo movía la cabeza con su cabellera, pero no pudo dar una explicación lógica, aunque debo reiterarle que la mayoría de ellos le encantaba hablar con autoridad de lo que desconocían,

Entonces le dije, seguramente la pampara encendida podría ser, estar concentrado y enfocado en el propósito deseado, de manera que tal condición te produzca un bienestar armonioso.

---- Si, si, es eso que acaba de decir, pero yo no sabía cómo explicarlo, gracias por aclararme el concepto.---- Dijo, me extendió la mano y salió.

Cuando ella se fue, le dije al Árabe, que no se Podía ser tan morboso, que ella no quiso decir nada de lo que él entendió.

El árabe había entendido que ella lo estaba invitando a tener sexo, pero no hay que sorprenderse, asi, son los ruidos comunicacionales. .

La vida está cargada de sorpresas y muchas veces la mafia envolvía personas que iban desde barrenderos y sicarios hasta presidentes, quienes doblegados por la ambición asumían compromisos insólitos, los cuales si no eran cumplidos ponían en peligro la vida no solo de los involucrados, sino también de sus familiares, veamos el caso de

L. Fernand, autor del más evidente de los ejemplos de nefastibilidad acontecido en la Republica Dominicana, a L. Fernand no le bastó darle el noventa y siete por ciento de beneficio a favor de la Barry Gold, y el tres por ciento para el país , sino que incurrió en el auto sacrificio de la nación debido a que para cumplir los deseos de quienes legalizaron su enriquecimiento dándole una millonadas por debajo de la mesa, para tales acciones, e incluso para también mostrarse como un consagrado pro- haitiano que regaló una universidad a los Haitianos a un precio aproximado a los tres mil millones, de pesos con dinero del estado Dominicano, agravando la deuda de la nación, y dejando de desarrollar al país con esa inversión, lo que indujo a Haití a condecorarlo con la orden de petión y Bolívar, que es el máximo galardón otorgado por el gobierno Haitiano a los extranjeros, por lo que más tarde aparece L. Fernand en el escenario de un intercambio otorgándole a Martelli el presidente haitiano de ese entonces, la orden de Duarte, Sánchez Y Mella, en el grado de gran cruz, placa de oro, por lo que no faltaron algunos dominicanos que censuraran esa acción debido a que ellos creían que no debió entregársele a un presidente haitiano la orden de los libertadores contra el yugo de 22 años de opresión de Haití, al país.

Tales acciones nos puso a entender que los herejes y los villanos, danzan y se dan las manos.

Pero otro acto de camaradería y aparente desfalco fue que la construcción de la universidad que se le había donado a Haití, había sido construida por una compañía de Felix Bauti, por lo que más adelante aquel donó a la Fundación Global (Funglobe), una suma intrigante que ascendía a cuarenta y cinco millones de pesos, institución corrida y representada por L. Fernand.

En realidad, hay que tener claro que el peor traidor es el adulador, por eso, no debe creerse en aquellos que al mencionar a Dios, cambian el tono de voz, para crear sofismos y desviar la atención de la población lo que se censura no es la disposición de donar, sino el descaro de desfalcar, disfrazando el mal de bien, dando a entender que el dominicano se había quedado varado en conocer sus derechos y lo que debía hacer, porque aun en el siglo XXI, seiscientos años después seguía repitiendo los mismos errores que cometieron los aborígenes en el 1592, cambiando espejo por oro, con la diferencia de que aquellos lo hicieron en ignorancia y los de hoy por malicia, me sigo refiriendo al accionar de L. Fernand, frente a la barríck Gold, y el 97 tres. Pero mis dignos lectores, permítanme especificarles lo que es la Barrick Gold, asi es una empresa minera que produce y comercializa oro y cobre, además de explorar y desarrollar minas, la empresa tiene su sede en Toronto, Ontario Canada, y cuenta con 16 centros operativos en trece países incluyendo Argentina< Chile, y Estados unidos su producción ha venido alcanzando una altura como 4.05 millones de onzas de oro, 420 millones de libras de cobre y 77 millones de onzas de cobre probado.

Como se puede ver, la Barrick Gold es la especie de un tiburón comiéndose un pez, sin que el pescador hiciera el intento de que no le tragara la carnada.

Todo fue una especie de complot bien arreglado, donde la corrupción imperó en cada acción.

Debemos mencionar que luego Felix Bauti, había sido acusado por el Departamento de Estado de Estados Unidos, de crimen de lesa humanidad, y de corrupción, al tiempo que era colocado en la lista de los cincuenta corruptos del mundo.

El estado dominicano antes tanta corrupción, estaba llamado a ser reorganizado desde el marco de una democracia real, donde se generara un saneamiento que le pusiera un pare a la corrupción.

Y así, los buenos y los malos tendían a fumarse el puro, a danzar y darse las manos. Los que hablaban fuerte, un soborno los enmudecía, la prensa se compraba con nada.

Algunos vestían de negro y blanco, intentando representar la lucha de lo contrario, lo que es dulce y es amargo, lo que puede ser sabroso y peligroso, lo que es el día y lo que es la noche, lo claro y lo oscuro, lo lindo y lo feo, en fin, todas estas adjetivaciones existenciales, se habían vueltos objetos de la ambición y del control.

En mi caso, yo tendía a pensar cómo las alas de Dios me guarecerían antes tantas turbulencias, y hablando conmigo intentando que Dios me oyera, decía:

Con Dios estaré en control sin qué importe los niveles de las conspiraciones, que las pirañas del sistema enarbolen contra mí, el caso era que había pasado el tiempo y siempre cargaba conmigo, uno o dos platos de comidas y dos sillas para sentarse, y me preguntaban por qué yo era portador de esas condiciones, y les respondía que al que tenía hambre era prudente que se le diera comida, y al cansado que se le diera silla

Los malvados se burlaban porque

creían que las manos de sus victimas

no los alcanzarían, pero ignoraban que los

brazos de Dios, son más largos, y que en

cualquier momento perecerían.

Entonces sugirió Dios:

Diles a esos que andan contratando testaferros para subsanar y aterrorizar, que no se escondan, que me den el frente, porque a los de más, se les podrán ocultar, pero a mí no, porque hasta debajo de una piedra que se guarden, Dios los va a encontrar, las maldades de esta tierra se pagan y se cobran en este contexto sin gesticular.- --Argumentó.

DESILUSIÓN :

Todos los perros quieren ladrar,

también los gatos quieren robar

Ya no hay respeto ni solidaridad

Si a un abogado quiere contratar, a la parte

contraria se venderá, y lo que es tuyo te lo querrá robar.

Eso que pasa en Nueva York, a una autoridad mayor se debe

reportar, para que la justicia aborde ya, y también los cuellos blancos tengan que pagar, y que los inconscientes lleguen a despertar.

Que ya la mafia de la ciudad, no intenten la justicia controlar, para que sus mentiras sean verdad, influenciando tanto al juez como al fiscal.

Que que busquen legalizar los fraudes de los sátrapas de la iniquidad, que a los bandidos buscan libertar en una democracia de confusión, donde lo que debe ser gloria se vuelve deshonor.

Entonces explicó el hombre de Dios:

Retenían con malicia lo que debían pagarme, sus acciones la hacían en silencio sin decirme nada, y haciéndole creer a la sociedad, lo contrario de lo que era la verdad, pero el espíritu me despertaba y me inducia a clamar:

¿A dónde está mi galardón? Que cienciologia y el judío abogado Robert Worlff, retienen con pasión? ¿Lo quieren guardar, o lo quieren…

¿Es acaso legal retener lo es mío en silencio negándome el derecho a la accesibilidad para mi posesión ¿Cuál es la conspiración?

Ya les había dicho que a veces solían andar tras de mí, y en una ocasión

Doblé por una calle donde había un letrero que indicaba que me detuviera y pasaban muchos carros, hasta que cesaron de pasar e intenté moverme pero justamente cuando lo hacía apareció una mujer con un carrito de hacer compras, que introdujo frente a mi vehículo, y yo estaba como atónito, traté de preguntarle si estaba bien, pero ella me respondió que no le dijera nada, tomó su celular y le hizo una foto a la placa de mi carro, yo como hombre de Dios, por ella me preocupé, yo pensé que estaba herida, pero siguió caminando, todo eso que acontecía era parte del plan de estrés y angustia que intentaba montar contra mí, la mafia contextual. Y después de recuperarme del factor sorpresa, entré a una barbería y allá fueron algunos dominicanos al servicio de ellos a tirarme indirectas, y decían:

"Si yo estuviera viejo de que me serviría a mí, tener los bancos atestados de dinero? .

Yo solía sorprenderme porque todo lo relacionado conmigo lo hacían en silencio, tanto así, que los particulares tenían información sobre las acciones en contra o a favor que se realizaban en relación conmigo, y yo ni cuenta me daba.

En otra ocasión hice una cita para cortarme el pelo, pero cuando llegue, ya habían sobornado al barbero pata que me hiciera gastar tiempo, con el pretexto de que al llegar mi turno recortaran a otro bajo el pretexto de que había hecho cita primero que yo, y cuando creía que me tocaba a mí, aparecía alguien supuestamente a negociar con el barbero, y conociendo yo lo que acontecía, me iba sin que me recortaran, y intentando entrar a la barbería de al lado descubrí que ya mis hostigadores, se habían adelantado para que me negaran el derecho de recortar mis cabellos.

Así se había tornado mi vida en Nueva York, cuando ese grupo de dementes se ponía para mí, buscando generarme todas las maldades que surgiera de la profundidad de sus almas plagadas de perversidades, esos herejes habían sido seleccionados con el propósito de infartarme, pero por ser yo hombre de Dios, aquellos carecían de poder sobre mí, y por más que lo intentaran, yo me había hecho inmune e infalible a sus acciones.

Dios me fortalecía sobre todas sus intenciones y malas acciones.

. Aquellos perversos mentecatos, no queriendo lo mejor para mí, recurrían a tales bajezas, de manera que cuando yo se la comentara a alguien, que mi interlocutor pensara que yo estaba loco.

Todo esto obedecía, al dinero que yo habia producido y que ellos retenían, en su condición de amantes de lo ajeno, porque teniendo lo de ellos, también querían lo del otro, ellos son los hostigadores del tiempo, los que agitaron contra Jesús, y los que piensan que soy el cristo del retorno, encarnado en otro cuerpo para despertar a los dormidos y hacer justicia a los caídos, aquellos a quienes ellos, habían derrumbados y por eso me perseguían mañana noche y día, y sobornaban a todos aquellos que me conocían.

Yo no entendía el motivo, ni por qué me perseguían, ni por qué? Tomaban decisiones a mis espaldas, sin que me dijeran nada, ni por qué retenían todo lo que me pertenecía, y me impedían rentar una vivienda donde definiera mi estadía.

Me sentí como un ser sin derecho dentro de una democracia ficticia

Contrataban personas para que me provocaran o me golpearan para justificarse en mi respuesta, porque si me defendía y no me quedaba golpeado, era porque según ellos, yo era violento, y muchas veces influían las decisiones de la corte para que el veredicto me afectara, porque en su plan de descréditos, intentaban venderme como violento

Yo me mantenía sereno porque sabía que cuando Dios asigna nadie puede robar, pues el karma acumulado, a la ciudad podía afectar.

Porque una sociedad de opresores, regenteada por ladrones, no sería el mejor ejemplo, para las generaciones.

Se buscaba un hombre honesto y no aparecía, ni con la linterna que a las 12 del día, en la antigua Grecia Diógenes, sugería.

En ese entonces las sectas ponderan tés del error la ignorancia y la maldad, seleccionaban a quienes le harían el delibere del almacén de provisiones a sus casas, con la intención de boicotear al hombre de Dios, y conociendo aquel las intenciones de aquellos, que insistían en montar un boicot de discriminación, se mantenía en silencio y aguardaba hasta que apareciera uno, que nada tenía que ver con ellos, y se fuera con él, así era la vida del hombre de Dios en Nueva York, hasta que la luz lo definió y por la gracia de su padre se levantó, y todo le cambió

Y-- es que la democracia que permite los excesos, es una anarquía, porque la anarquía genera el caos, y el desorden, donde se pierde el respeto a la vida y al ser, los fanáticos de las causas innobles en el libre albedrio, luchaban por evitar lo inevitable, ignorando que lo que se escogía antes de nacer en el plano sublime tenía que cumplirse de alguna manera, porque ese era el verdadero destino del ser humano en la vida terrenal.

Ciertamente, en el libre albedrio, los perversos y malvados, inspiraban ser decapitados, pero en honor a la bondad, censuramos la maldad, porque la naturaleza cobrará, aunque no sea en el tiempo que uno quisiera, todo está organizado bajo el sol, y nadie fuera de lo que se escogió, o se le asignó, pueden salirse con la suya, si escogieron ser ladrones, son ladrones, si escogieron ser homosexuales, tarde o temprano salen del "closet" aunque haya revuelos o rechazos en la familia, si esa fue la forma asumida, para que uno pague al otro lo que le debe.

La sabiduría es el motor de la inteligencia, no invoquen el maleficio para que no sufran el suplicio, no confundan la malicia con la sabiduría, que aunque literalmente tengan un parecido, ambas tienen una marcada diferencia, lo cierto es que de la misma manera de que el mal nunca se impondrá sobre el bien, tampoco la malicia, nunca superará a la sabiduría.

Con la gloria de Dios, nadie puede jugar, o sufrirán la pérdida total.

Del triple de lo que con malicia me intentaron robar.

El mundo está invadido por depravados, libertinos y bandidos;

No importa el propósito de los que me han perseguido, por encima de todo, Dios estará conmigo.

En ese entonces algunos dominicanos en nueva york, continuaban haciendo de testaferros de quienes les pagaran, e inclusive existe una anécdota corta de un conflicto que en tiempo apocalíptico se había generado entre el estado de Israel y un grupo revolucionario llamado Hamas que se vendía como defensor de los intereses del pueblo Palestino a quien en occidente consideraban y nombraban como grupo terrorista, y sucedió que la gente se dejaba guiar de todo aquel que pudiera ofertarle una esperanza, y debido a que las esperanzas no llenaban panza pero mantenían el estado de ánimo, esas condiciones solían ser aprovechadas por los falsos profetas para infiltrarse en los templos, para confundir a la gente, induciéndolo a andar por el camino de los perdidos, por eso de que cuando el hombre se estaba ahogando, le brotaba el egoísmo e intentaba envolver al otro en su destino.

En una ocasión me encontré en una tienda con una conocida de mucho tiempo, fue y me abrazó sorpresivamente por detrás, y al percatarme que era ella, me volví y la abrace devolviéndole el saludo con algarabía, me introdujo con una hermana que recién acababa de llegar de santo Domingo, era una niña con poco menos veintiún años, blanquita rubia y bonita, sin embargo en ese momento no me había dado cuenta que esa belleza exterior, estaba curtida y afeada por una mancha del alma, y me sentí muy apenado cuando una de las empleadas de la tienda que se había dado cuenta que mi conocida me había saludado, se me acercó y me dijo:

---- "A usted se lo digo porque lo conozco, y sé que usted es un cliente fijo de aquí;----- Me dijo.

Yo algo confuso y sorprendido le pregunté:

----- Oh si, y ¿qué sucedió?

----- Vi que la hermana de su amiga, le estaba cambiando los precios a la mercancía, y eso es como robar, no le llamé a la policía porque es de las nuestras, es Dominicana, y el hombre de la seguridad, también es de allá, pero ya ella no puede entrar de nuevo a la tienda.---- Me explicó.

Yo muy consternado le dije:

----Oh, lo siento mucho, ella, es hermana de mi amiga, yo no la conozco porque está recién llegada de la Isla, y me da la impresión de que ella no tiene la adecuada orientación, respecto a cómo debe comportarse un ser humano aquí, y en cualquier parte del mundo, hablaré con su hermana para que le haga saber que nunca más debe incurrir en un error, de esa naturaleza.---- Le comenté totalmente, desconcertado.

Ella descubrió mi preocupación y me dijo:

----- Se lo estoy comentando para que sepas con quienes se relaciona, por eso del adagio" que dice que "el que anda con cojo aprende a cojear, o de dime con quién andas y te diré quién eres.---- Agregó.

----Está bien, hablaré con su hermana, lo siento de nuevo.---- Le reafirmé.

Entonces le hice saber a mi amiga lo que me habían dicho sobre su hermana: que ¿por qué ella no la orientó respecto a tal acción? Ella me dijo que los jóvenes de la generación de entonces se les decían las cosas y" le entraba por un oído y que se les salía por el otro"

Así que la gente en ese entonces estaba cada día más confundida, y envuelta en el fanatismo.

"Dos sectas se disputaban mi presencia,

más sin embargo, ninguna de las dos era

Confiable, una estaba integrada por fraudulentos,

que esclavizaban, y la otra por falsos profetas e

Ignorantes que pagaban por burlas y sabotajes."

Los Dominicanos les rendían tanto culto a los judíos que muchos solían decir que ellos eran una de las doce tribus perdidas de Israel, y que por eso viven en beligerancia con Haití, de la misma forma que Israel ha vivido en beligerancia con Palestina, por eso cuando Hamas había atacado a Israel, fue un hombre a recoger una caja donde una familia Dominicana de Washington heights, que intentaban enviarla a Santo Domingo, pero ignorando que quien fue a recoger la caja era un miembro de la diáspora, no quisieron entregársela porque aquel había llegado pequeño a nueva york, y tenía acento al hablar el español, y aquellos vieron que vestía de un modo particular y lo habían confundido con un palestino, y como la familia era cristiana, creían que con tal acción estaban respaldando al pueblo de Israel, como se puede ver, la ignorancia sigue siendo madre de todos los males, y había que tener cuidado con quien te juntaba y por donde caminaba, porque en una nación de conspiración, juntarse con gatos, te causa dolor.

Los lobos andan merodeando, y las presas están flotando. Helo ahí, están mirando por el lado que irán atacando.

Así, que por decencia había querido silenciar las acciones de la mafia contextual y de los criminales investidos de poder, pero soy periodista y escritor, y las maldades no debo silenciar, en el nombre del Dios de mi ser, los fraudulentos y los fraudes contra mi, saldrán a la luz, y los criminales investidos de poder, caerán.

Aun entendiendo las dificultades, resulta duro admitirlo, pero cuando se combate con gusanos , y roedores el insecticida, debe ser efectivo, y por eso es que sé muy bien que los testaferros no verán el reino de los cielos, porque tan delincuente es el que planea el crimen, como el testaferro que lo ejecuta, porque cuando el vicio te controla, tu conciencia no funciona, va perdiendo el equilibrio, y por una copa de vino, vende a tu mejor amigo, las sociedades viciosas, regularmente son sociedades irreflexivas, regularmente su población piensa poco por lo que está más inclinada al crimen y a la violencia que a su auto- desarrollo, por eso sus integrantes, suelen ser muy dependientes.

Existía una dilemática problemática donde sin ser de ninguno, unos me perseguían, creyendo que era de otros, entonces por su tráfico de influencias, yo les advertía:

Quienes crean influir y controlar las leyes de los hombres, que no hagan maldad, porque la ley natural, se lo va a cobrar.

En ese entonces atravesábamos por el apocalipsis el último libro de la biblia y existía en el planeta una cúpula de demonios encarnados, posteados en los distintos renglones del planeta, que operaban como terroristas, que hostigaban a los que nos negábamos a ser como ellos, y se nos atravesaban en el camino,-- si nos deteníamos a pedirle el favor de que se movieran, algunos solían implantarnos sus métodos de violencia y muchas veces nos atacaban, y cuando intentábamos evitar los problemas y ellos se negaban a moverse, si al pasar les guayábamos el carro, inmediatamente llamaban al seguro de nuestro carro para reclamarle a nuestro seguro que les pagara, es decir, eran seres dañinos, demonios encarnados que no razonaban y sólo les interesaba obtener dinero aunque fuera creando caos, y anarquía.

En realidad, no sabíamos el tipo de malestar contra la humanidad, que traía la mafia contextual, todo lo que era productivo, lo quería usurpar, o lo quería robar.

Se habia perdido la conciencia ¡Que gran dilema y problema!

Los que fueron explotados, hoy te quieren explotar, ya buscaremos la forma de como se ha de arreglar.

Eran como achichincles hecho abortos criados, de los que aún se ignoraba cómo fueron concebidos, más así, su ranciedad confirmaba que aquellos existían.

Estoy sereno, estoy en paz, sé que los conspiradores caerán.

Esclarece mi vista señor, esclarece mi vista, remueve la capa que obstruye al visor de mi redención.

Si en el libre albedrio, el hombre no envidiara al hombre, ni intentara plantar cizaña sobre la cabeza de su prójimo, el mundo estaría armonizado, y no se encontraría como se encuentra actualmente, al borde del cataclismo.

Cada generación llega hasta los extremos, para dar paso a un nuevo comienzo, y aunque el hombre a lo largo de su existencia ha querido llegar más allá, de su comprensión, no siempre logra sus propósitos, porque estamos en un planeta de ensayos para obtener experiencias, decepciones, y traiciones.

Alguna vez, envió Dios la máxima esencia de su ser a encarnar, para que experimentara la sobervia y la maldad en su corazón de hombre, por tal razón, como hombre podrá fantasear pero no lograr el magnánimo objetivo de fijar su escalera más allá de los cielos, porque siempre que lo intenta, se le rompen los peldaños.

Cuando la gente se encontraba expuesta a los tramposos, desarrollaban la habilidad de saber, cuales medidas tomar, para evitar ser engañado, pues el cinismo de la mafia lo inducia a fingir, ya que aquellos solían usar a la gente, y hablaban de ética, más no la conocían.

Cada generación está de paso en este planeta, por lo tanto al llegar aquí, se le despoja del poder natural de su existencia, es decir, el hombre abandona su poder natural, para empoderarse de forma artificial, para que no intente ser como Dios porque el solo hecho de estar en el planeta tierra, lo torna ambicioso, y en el libre albedrio, quiere experimentar cosas que no están en el libro de su destino, me refiero a la selección o asignación que al nacer, trae con él.

La malicia y la maldad, son creaciones del libre albedrio, que se generan en la tierra, con un propósito fraguado en el marco de la ignorancia, porque el resultado o consecuencia, generaba el pecado, y agudizaba el karma, tal y como venía procediendo la mafia, que actuaba en silencio, hostigaba y en su libre albedrio robaba las pertenencias de los demás, operaban como parásitos sociales, que vigilaban lo que los hombres productivos generaban para involucrarse haciendo creer que tenían algo que ver con tales hombres para apoderarse y retener sus pertenencias intentando que los que no se sometieran a su voluntad, aunque hubieran generados sus modos de vidas, muchas veces se vieran precisados a vivir en la pobreza, dentro del diseño del libre albedrio, porque a la cúpula de demonios encarnados les pareciera. Eso solía generar rebeliones de individuales, que acababa con un alto grupo de seres marcados, ya que los demonios encarnados, eran de naturaleza cobardes, y usaban testaferros que operaran a su nombre dando la cara por ellos.

CAPITULO V

DINAMISMO

Cuando se filtraba información ante la opinión pública, para que no se percataran que era una rebelión contra la cúpula fingían que era que el individuo en función estaba loco o que oía voces, como había acontecido en ese tiempo con un instructor del ejercito de los estados salvadores, que se había levantado en arma en una especie de guerra personal, matando en su arranque de auto guerra a un alto grupo de personas,

El sistema estaba en decadencia y en medio del caos, acontecían cosas horripilantes, y era que la hipocresía y el cinismo, eran los abrigos de los mezquinos, para que su inconsciencia se tornara fosas de sus creencias, y el fanatismo fuera el destino de su eslabón perdido.

En mi caso, los villanos pensaron que era peor la incertidumbre, que la muerte, y tenían gente detrás de mí, a tal grado que cuando entraba a cambiar el aceite del carro, se me adelantaban para pagarle a quien me daría el servicio para que me desconectaran una manguera del carro que contribuyera a que se derramara el anticongelante y al confiar, y no darme cuenta de lo que habían hecho, se me dañaba el motor del vehiculo, y luego tenía que gastar lo que no tenía, para cambiarlo, era una de la forma que la mafia contextual usaba para estrangularme económicamente, y no tuviera recursos para pagar un abogado que no se les vendiera al reclamar mi justicia, porque ellos sabían que todos tenían un precio, pero ignoraban que al patán se le compraba con banana, pero que al pensador, había que otorgársele justicia.

La serpiente ya estaba herida, agonizando ya casi sin vida, no había sido fácil llegar a donde me encontraba, y era la voluntad de Dios, la que se habría de consagrar, nadie nos impediría lo que se debía alcanzar, quien conspirara contra mí, tendría una vida infeliz.

La serpiente estaba enojada, y en su enojo me atacó, pero salté desde el suelo, y desde lo alto, vi que la derroté, pero en la agónica condición de su magia, construyó una tumba con una cruz de palo, mas fue para nada, mi eternidad había arrancado el temor de mi ser ¿Fuera de Dios a quien le podría temer? Solo a Dios rindo honor, libre soy, y he sabido y sé, que la verdad me habría de libertar.

Yo no era como los de más, pero ellos no lo sabían, y aun recibiendo todas sus maldades, solía salir ileso, y ellos mentían a sus feligresías haciéndoles creer que no me veían porque yo estaba casi en un proceso de agonía, pero todos se sorprendían, cuando veían que me aparecía diferente a como los falsos profetas decían a la feligresía, de cómo yo me encontraba.

No cesaban de mentir y de robar, pero lo que estaba para mí, se tornaba intocable porque lo que Dios asigna, nadie lo toca, si, tal y como lo escuchan, lo que Dios consagra, nadie lo desvía.

Algunos dominicanos en la obnubilación de su condición, habían asumido como credo, confundir la sabiduría con la malicia, y por eso les era fácil dejarse usar por cualquiera que pudiera pagarle dos o tres dólares como soborno, para que incurrieran en actos dolosos, sin pensar en las consecuencias, y la ambición fue la perdición de aquellos que carecían de honor, por eso fueron advertidos, no se dejen usar, ni por encargo no me intenten engañar porque con tan solo pensarlo, les va a pesar, ya verán, ya lo verán.

Entonces según pasaba el tiempo, se fueron integrando a una secta que se vendía como una iglesia tecnológica, que solía espiar a sus integrantes, robarle un salario simbólico que le aportaba, y si por alguna razón el integrante quería dimitir, lo perseguían y si alguno tenía pendiente los ingresos económicos de algún reclamo gubernamental, ellos buscaban la manera de montarle un fraude, y si la persona no tenía la habilidad de reclamar, buscaban la forma de saquearlo quedándose con los ingresos del integrante.

Si se daba un hecho de la naturaleza expuesta, la sexta le intervenía el teléfono, le robaba los contactos, y aunque se vendía como una institución libertaria de justicia reivindicante, no pasaba de ser un verdadero y tremendo fiasco, que formaba y fomentaba el nido de los falsos profetas, por lo que se daba la posibilidad que en el futuro los dominicanos que integraban esa secta, fueran esclavizados, y el enviado del señor por el poder de Dios, se viera precisado a libertarlos, así como libertó Moisés a los judíos de las garras de los egipcios cuando habían sido esclavizados por 400 años en el pasado.

CAPITULO VI

ESENCIA:

La naturaleza de tu esencia.

es la virtud de mi pulcritud.

y en la bondad de toda esperanza.

se guarda la causa de mi remembranza.

Porque yo más que nadie, había vivido y comido entre ladrones, sin tener que ensuciarme o infectarme con sus intenciones.

La maldad es una enfermedad, tanto así que hasta el dentista había sido sobornado cuando me tocó visitarlo, todo aquello para que me aplicaran una mala práctica médica, parece locura, pero es realidad, me trabajaron donde no debían. Son criminales?

En una nación de diversidades, se manifestaban todas las conductas, era tan grande el plan de persecución que ya no sabían que sería lo que inventarían para hacerme sufrir, pero mi espíritu era más grande que sus maldades y el dolor que querían causarme acababa afectándolos a ellos más que a mí, porque tal y como Jesucristo había llegado programado a morir, yo también traía la programación para resistir.

La mafia era tan perversa que hasta a los amanerados usaba en el propósito de las maldades montada contra mí, y me dio con escribir una historia sobre las maldades que aquellos ejercieron en mi contra y sin contemplación había sobornado a un amanerado a cargo de la edición y como aquellos muchas veces se esmeraban en cumplir a cabalidad sus servilismos, los escogidos no dudaron en ponérmela difícil y a través de uno de los editores gastaron casi un año un libro que debió salir en meses, así que Paco y Jesy, aceptaron el soborno y me dilataron, publicándolo cuando le pareció, ocho meses después, bajo la advertida presión que le puse de que si la publicación salía con defecto, de alguna manera los demandarías. Entonces les lancé algunas indirectas y les dije:

"Una de las grandes dificultades de los amanerados, es que quieren superar a las mujeres, pero como saben que lo que la naturaleza define solo se puede modificar, pero no cambiar, viven enojados y del mundo se quieren vengar."

En realidad, es que los cobardes no dan el frente, suelen ocultarse en organizaciones, o detrás de otras gentes, si se supiera quienes son, los haríamos experimentar, las leyes de Drakón: ojos por ojos, dientes por dientes.

Y la verdad es que los cobardes son maliciosos, imprudentes e indecentes, son aberrados, y amanerados, no tienen paz, y solo planean hacer maldad.

Dos maliciosos juntos son peligrosos y mentirosos, frecuentemente suelen manipular y hacer creer lo contrario de lo que es.

¡Qué aberración, quienes me han hecho maldades creyendo estar fuera de mi alcance, han estado en un error, en cualquier momento tendrán su galardón!

Porque el amanerado era un pájaro herido golpeado por el tiempo y el destino, se mantenía ofendido, él quiso ser mujer, pero el gerente de experimentación le cedió la condición a media, y lo dejó atrapado entre macho y hembra, porque en otra vida en que había experimentado como hombre, en el libre albedrío hizo mal uso de su hombría y maltratando mujeres se auto perjudicó , y como a varias maltrató, la asociación de hembras celestiales el permiso de identidad no le otorgó, por eso medio hembra y medio macho nació, y el karma a sufrir lo llevó.

Se quiso cobrar conmigo y haciéndole sabotaje a uno de mis libros, quiso hacerme sufrir, como si acaso hubiese sido yo, el gerente de experimentación.

Cuantas malvadas malicias habita en esta ciudad, el que se la toma a pecho, sufre de infelicidad.

La ignorancia, torna al humano malvado.

"Ahora el diablo quiere confundir a la gente, mostrando a cristo como su exponente, es de ahí de donde vienen los falsos profetas, quienes hacen más mal que los ateos, que dan gracias a Dios, por ser lo que son.

Si están enterados, que aquí ya no hay nada, por qué silenciar la - verdad atrapada, que nunca se juegue con la realidad, porque los que ocultan, siempre se sabrá, ¡Que tierna jugada, no podrán guardarla!

Por eso siempre pensé, sin lugar a duda, que el pueblo es inocente, culpables son los políticos que en el nombre del pueblo, toman decisiones arbitrarias que afectan al conglomerado.

Lo importante de todo esto es, que los que intentaron atarme, fuera por burlas o por maldad, también Dios los hará pagar. Son tan diversas las formas, que muchos no entenderán.

Y es que Dios fundamenta la luz, de una sociedad enfermiza, repleta de entes porque rizados, que han perdidos la razón y el amor, y como autómatas Zombificados, se mueven sin rumbo fijo, como perdidos, sin comprender su destino.

Eran una especie de parásitos sociales atrapados en el vicio, y solían justificarse detrás de un escritorio, nunca habían hecho nada, ni si quiera por ellos mismos, y buscaban usurpar las creaciones ajenas, no para servir, sino para lucrarse de forma fraudulenta.

De hecho, cuando te querían perjudicar, hasta la constitución intentaban violar, y si tú no tenías la información, te querían engañar sin compasión, así era la mafia contextual ¿eras buena gente o era criminal?

Y es que la mafia contextual a estar con ellos te quería forzar, y si te negabas era un malestar, y tu dinero se quería robar.

Cuando las almas se consagran a erradicar la maldad del universo, los malvados tiemblan, porque creen que puede desatarse su tormento, que cese la hipocresía y la mentira, y que se encienda la verdad y la paz.

Todo en exceso hace daño, comes hasta donde te seas posible tragar, amas hasta donde el corazón te indique llegar, o no fuerces la trayectoria del espíritu, y encausas el camino de tu destino.

En las sociedades de democracia caóticas, algunos seres suelen explayarse con todos sus venenos: macos y cacatas y otras garrapatas, encubriendo su maldad, como sectas sádicas, que por su condición usan como tretas tornarse saqueadoras y fraudulentas.

CONSAGRADO AMOR.

Una plaga ingrata y malvada, ha querido profanar mi morada, provocándome el odio y el desprecio.

De nada le ha servido su intención, porque yo he recuperado el amor, elevando mi corazón .Si mi destino es no tener amigos, tu será mi esperanza y mi camino,

Y por más que pretendan obstruir nuestra unión, sabré que eres el camino hacia la salvación.

Para enfrentar malvados e inconscientes, es necesario el poder de Dios. para clarificar la redención, y reafirmar que tú, eres mi amor

La humanidad anda distorsionada. Los que la integran, no comprenden nada.

No entienden que el planeta, actualmente es nuestra morada.

Y lo veremos firme en la alborada, de acuerdo a como se entone

Su eterna condición de reflexión, Dios no es una religión.

Es el soplo de la devoción, y es la semilla y la espiga de cada vida.

En cada renacer, y en cada despedida, él es la esencia y luz, que nos convida.

CAPITULO VII

----------------------*Los miembros de la mafia contextual,*

tarde o temprano se van a lamentar,

los intentos de fraudes no les va a resultar,

y si no los enfrenta el hombre,

Dios los va a quebrantar.

NO SE QUIEREN< SE PERSIGUEN.

Conocí en Nueva York, a un Dominicano de dinámica trayectoria, envidiado por muchos y perseguidos por otros, existían sectas interesadas en él, con el objetivo de que él se moviera con ellos, y exhibiera su decisión de haber cerrado fila con la causa que ellos, representaban, pero debido a que él se negaba usaban a otros dominicanos, de esos que amaban más a los particulares que a uno de ellos mismos, para que le generaran conflictos, provocaciones, y burlas de toda clases, a fin de que aquel perdiera su ecuanimidad, y pasara frente a los ojos de los desconocidos que andaban frente a las áreas donde el -se movía, como una persona violenta o carente de fundamento.

Debido a que el operaba junto a los burladores, haciendo deliberes en un almacén de provisiones que hacia venta al por mayor, muchas familias de la diáspora solía recurrir a hacer su compra en aquel lugar.

Desde que aquel había recurrido a aquel lugar, habían enviado a la policía a persuadirlo de que él debía irse a otro lugar a ofertar el servicio de delibere que hacía.

Pero como él sabía comunicarse, le hizo saber a la policía que si él no le estaba haciendo daño a nadie, sino buscando la manera de sobrevivir, que por qué querían removerlo de aquel lugar, dejando a los de más, porque si lo hacían él iba a considerar tal acción como un acto de discriminación, también le hizo saber, que el tenia derechos y deberes inalienables, en cualquier país del mundo, y mucho más, en una nación donde se predicaba la justicia.

Antes tal expresión la policía entendió, que aquel decía la verdad, por lo que optó no participar en el acto conspirativo de impedirle hacer sus deliberes.

Había pasado el tiempo y se corría la fama de los servicios del hombre de Dios que así le llamaban.

Eran muchos los interactuantes, pero el hombre de Dios era mucho más educado que los de más, por lo que cada día generaba una mayor clientela, y podía darse el lujo de llevarla más barato que los de más, por lo que él nunca dejaba a nadie porque estuviera corto para pagar, por lo que las sectas temiendo que aquel lograra alcanzar un poder económico, que le impidiera a ellas generar su control, no cesaban de hostigarlo de diversa manera, de todos modos habían insistido en sacarlo por lo que empezaron a sobornar a los de más Dominicanos para que aleccionaran a su paisano, y como algunos Dominicanos en el extranjero se prestaban a realizar trabajo sucio, por dos o tres dólares algunos de ellos cuando un particular o miembro de algunas de las sectas, le ofrecía veinte o treinta dólares a cambio de una burla contra El hombre de Dios, los mandaderos de tercero, salivaban como perros frente a un hueso, sin poder controlar su condición de servilismo, llegando a hacerle la vida imposible al grado que aquel aun siendo pacifico se vio envuelto en riñas callejeras con los que habían sido enviado a provocarlo, por lo que tuvo que ir a corte, en más de una ocasión o, pero aun así, no lograban sacarlo, Dios estuvo siempre con él. Pues casi todas las peleas las ganaba, y cuando la perdía o era porque se descuidaba y era sorprendido a traición y como algunos de los Dominicanos hacían muchos ruidos pero a la hora de enfrentarse al puño con alguien, lo pensaban dos veces, a veces se volvían testaferros de las sectas, y de lo que las sectas les pagaban ellos compartían los ingresos con otro extranjero, a cambio de que golpearan a frankelis, de todas la peleas libradas hubo dos en que un Dominicano le pasó una manopla a un mejicano para que de forma sorpresiva la colocara sobre las cejas, del hombre de Dios, y en otra ocasión había sido un puerto roqueño, motivado por los dominicanos que hacían los delibres en el Almacén, quien también le había introducido en la misma ceja, la llave del carro que conducía pero todos finalmente arrepentidos, de alguna manera buscaban su perdón, y él lo perdonaba.

Cuando el hombre de Dios, creía que ya había superado todas las pruebas generadas, le aparecía otra.

El dominicano había heredado la inclinación al trabajo de los negros ladinos y bozales que importaban España e Inglaterra para América, y la bufonería, de los aduladores del rey.

Yo no he dicho nada, que no sea verdad, todo lo narrado ha acontecido pero lo que les diré a continuación, aconteció con una oficial Dominicana oriunda de la vega Real, que había llegado a New York a la edad de dos años, como la mayoría de todos los inmigrantes, buscaban la manera de servir a su comunidad desde diversos renglones de la economía, y la oficial Esteves había escogido el ser policía.

En una ocasión después de siete años en aquel lugar, sin que los malvados pudieran lograr sus objetivos frente a él, llevaron a una mujer policía de quien al principio creyó, no haberla visto nunca antes en aquel lugar, pero luego recordó que sí, la había visto dos días antes al interior del almacén, parecía que lo vigilaba sin que él, se percatara, el segundo día, él había bajado dos veces al baño y un robot frente a una oficial de apellido Estévez, lo habían visto bajar la segunda vez en que se dirigía al baño, después que él había subido los escalones hacia la sala de estar, y como era una mañana de invierno, aquel andaba forrado de ropas y ella subió corriendo tras de él, y le dijo:

-----quítate el abrigo.

Ei hombre de Dios algo sorprendido se lo quitó, al tiempo que le preguntaba:

-----¿Qué pasó, tu eres Dominicana?---- Cuestionó el hombre de Dios.

La oficial Estévez respondió:

----- Eso no importa, sácate la chaqueta.----- El hombre de Dios Frankelis había obedecido en silencio, pero preguntó:

------¿Y el pantalón, no quieres que me lo quite?.

La oficial Estévez en seguida le respondió que no, y el hombre de Dios le agregó:

----- No te equivoques, que tú no sabes quién soy yo..---- Le afirmó.

La oficial Estévez guardó silencio, pero inmediatamente apareció uno de los administradores del almacén, y le dijo que el hombre de Dios era uno de los transportistas de allá, ella descendió algo noqueada al interior del almacén, mientras los que vieron lo acontecido comentaban.

Habían pasados cinco minutos cuando ella subió a la puerta de salida del Almacén buscando al hombre de Dios para pedirle excusa.

Él la miró desde el otro ángulo de donde se encontraba, ella le abrió los brazos y él se encaminó hacia ella y se abrazaron, para disipar lo acontecido lo invitó a una cafetería localizada al frente del almacén, mientras caminaban hacia allá le dijo:

------ Perdóname, yo no sabía quién tú eras, más, sabes que yo estaba haciendo mi trabajo, verdad?

Entonces el hombre de Dios respondió:

---- Si, obvio que lo sé, yo también fui policía, y te entiendo perfectamente, pero hay que ser cuidadoso, porque si yo fuera otro, ahora te harías pasar un mal momento.

Ella lo miró en silencio, pero su vergüenza era tan grande, que no podía mirarlo a la cara, con cierto nerviosismo ella tomó un jugo de naranja del refrigerador, el hombre de Dios, la imitó y cogió otro jugo igual, pero al intentar pagar, ella lo detuvo y lo hizo ella, había pagado ambos jugos con su tarjeta de crédito, después de ahí, caminaron nuevamente al almacén, ella le dijo que seguirían hablando después porque tenía trabajo al interior del almacén, él se quedó en la sala de estar, y desde ese día ella quedó tan consternada, que no volvió a aparecer por el almacén.

Aquella ignoraba que aquel varón que había fungido como prueba de su profesión, poseía el espíritu santo, y era un varón a quien Dios le había permitido ser probado hasta los confines del camino, y aun sin ----------impedir que pasara por aquella prueba del libre albedrio, tampoco permitiría que aquel fuera avergonzado, por lo que la oficial Estévez que ignorando quien era él, al percatarse de la realidad de aquel, había sentido una especie de vergüenza ajena, porque todo lo que ella intentó causarle a él, lo experimentó ella, porque no pudo volver a mirarlo a la cara, pues cuando lo intentaba se sentía apenada.

Es que el ladrón juzga por su condición, hay algunos oficiales de policía, que son esclavos del vicio, por lo que persiguen al hombre honrado, y les abren las puertas a los ladrones.

Hay testaferros tan miserables que por dos o tres dólares mienten sin medir las consecuencias de sus actos, pero cuando se les presente la sombra de la destrucción, pedirán clemencias con desesperación

Obviamente, sabemos que los tramposos, los mentirosos y los cobardes, le temen a la verdad, como el diablo a la cruz, por eso mataron a Jesús, y por eso habían tratados de obstruirme, en realidad, los cínicos y los hipócritas, son mentirosos y rabiosos, generan la confusión, para robarte el honor, son serpientes venenosas para robarte el honor, son serpientes venenosas que confunden la ilusión, que confunden la expresión, que genera el corazón.

Pues había pasado un breve tiempo después del mal entendido de la oficial Estévez y el hombre de Dios, y algo similar llegó a acontecer con aquel, él había adquirido un vehículo de uno de los que operaban con él en el almacén de provisiones, se lo habían vendido bajo la advertencia de que tenía que cambiarle el motor, él temía tratar con los mecánicos del alto Manhattan por los comentarios de la gente que decía que la mafia contextual quería que él se mudara de nueva york, debido a que se habían generado fraudes contra el en aquella ciudad, y los infractores temían que si él seguía viviendo en aquel lugar, pudieran ser descubiertos, entonces eran muchos los rufianes financiados por sectores poderosos que lo seguían, y cuando veian que el entraba a algún lado, antes que él pudiera hablar pues ya algún miembro de los grupos que andaban tras de él había entrado y sobornado al que estaba presto a suplir el servicio que aquel había ido a solicitar, el emisario de la maldad solo decía:

---- "Esto es para ti, arréglale lo que él te pidas, pero dáñale algo de forma que él no pueda sospechar". Pues, como lo pueden ver, así lo hacían, y en esa ocasión el vehículo que había recibido llevaba un microchip, o localizador, era un artefacto que facilitaban que el vehículo de aquel fuera rastreado, hasta que un día en que él andaba con dos de sus hijos que eran jóvenes en ese entonces de 15 y 17 años de edad, pero muy habilidosos en los asuntos tecnológicos, habían descubiertos de que alguien los estaba siguiendo, entonces usando un aplicación que portaban en sus celulares, descubrieron dónde estaba oculto el microchip y lo sacaron lo aplastaron y lo echaron hacia afuera, pero ya ellos sabían cuál era el lugar donde él asistía a cambiarle el aceite al carro, en esa ocasión le desconectaron una manguera sin que él se diera cuenta y se le dañó el motor, a partir de ahí lo seguían a donde quiera que se movía y se dieron cuenta que había ido a otro lugar a cambiar el aceite y el mecánico que era dominicano había sido sobornado para que le saboteara la transmisión, en esa ocasión le dejaron el carro caminando solo hacia adelante, le habían echado innecesaria mente aceite a la transmisión, y cuando se la devolvieron, traía la reversa dañada.

Esa mafia contextual había diseñado un plan para empobrecerlo y someterlo a sus pretensiones, le habían retenido un dinero que legalmente le correspondía, y estaban evitando que él y su familia cambiaran su condición de vida, habían reclamado todo el producto de su trabajo y habían involucrado a sus sirvientes dominicanos forzando a que el aceptara toda las malas costumbres que aquellos habían asumidos, pero el espíritu de aquel hombre de Dios, no le permitía someterse a los caprichos de los malvados.

CAPITULO VIII

Dios te bendigas te acompañes,

y te des gran maravilla,

todo lo bueno tú tendrás cuando Dios

a ti te bendigas, tendrás tu casa,

tu mujer y tu vaquita.

toda la gloria tu tendrás,

cuando Dios a ti te bendigas.

CONDICIONAMIENTO Y MALICIA

En lo adelante, todo lo narrado vendría a ser una especie de vicio malicioso, en otra ocasión en que había caído una nevada y en un descuido el carro se le cayó la punta de eje, a dos bloque de donde estaba el taller le mandaron una grúa manejada por un dominicano orientado para que cobraran un servicio más caro que lo que estaban acostumbrado a cobrar, y condujo el carro a otro lugar donde agregaron piezas que supuestamente había que sustituir por el daño causado al carro a un costo poco usual y de camino, aquellos porque el carro no daba reversa interpretaron que era que le faltaba aceite a la transmisión y le echaron y cuando devolvieron el carro, no avanzaba ni para adelante ni para atrás, la gente hablando atribuía tales sabotajes a los judíos, alegando que Frankelis al ser un líder comunitario, al no darle seguimiento a los llamados e invitaciones que aquellos le hacían, seria las razones por el cual, y que por eso ordenaban la persecución de aquel, ya que pensaban que podría ser porque estaba alineado con los árabes, o con ciencieologia la secta cibernética donde en una ocasión aquel había militado por un breve tiempo, y que para ocultarle algunos beneficios que tenían que ver con él, y que se los habían pasado a ellos para que se los administren, habían decidido destituirlo, y después de un tiempo habían intentado ingresarlo nuevamente, pero como el se negaba, también habían comenzado a perseguirlo, y para justificarse y hacer creer que el tenia que ver algo con ellos,apoyaban sus actividades a sus espeldas, y colectaban fondos a nombre de el, sin informarcelo pero como el era despierto el sabia lo que ellos hacían, y pensaba que ellos promovían la ética, pero carecían de ética por todo lo que habían hecho contra el. Sobre todo por el tiempo que habían retenidos lo que le pertenecía, sin entregárselo.

Pero nadie se salvaba de la lengua del vecindario que al referirse a los sabotajes, decían que los que los hacían eran árabes porque creían que Frankelis, estaba alineado con los judíos. Otros alegaban que eran los árabes porque donde comenzó el problema de la afectación de esa transmisión fue en el taller de un árabe casado con una dominicana y el mecánico era dominicano, pero además, donde montaron la punta de ejes, y que también le echaron aceite para que la transmisión dejara de andar para adelante, también el taller pertenecía a un árabe asociado con un dominicano dos grúas independientes tratando de llevárselo anduvieron detrás de Frankelis por si este se alejaba llevárselo a donde a ellos le conviniera y en un descuido de aquel, aprovecharon la autorización de un policía dominicano, que fue por primera vez de servicio al almacén de provisiones, y a pesar de todo lo ocurrido y diciéndole Frankelis que la transmisión se había dañado y que necesitaba dejarlo en el parqueo del almacén que generó que al no andar hacia adelante al calentarse el carro se detuviera, teniendo que moverlo de donde se había quedado, por lo que en un momento de descuido del hombre de DIos, y estando el carro bien parqueado, lograron levantar el carro, lo que se convirtió al otro día, en una odisea para localizarlo, el hombre de Dios llamó al 911 y lo reportó robado, le dijeron que se mantuviera en el área de donde él creía que se habían llevado el carro, hasta que más tarde llegaron dos policía con la dirección de donde ellos entendían que el carro estaba, hasta que cuando se localizó, querían que les pagaran un precio exorbitantes para devolverlo por lo que el hombre de Dios, los llamó mafiosos y amenazó con demandarlos, porfiaron y discutieron hasta que negociaron, ellos querían setecientos, y el hombre de Dios pagó cuatrocientos.

Aquellos no pudieron llevar el carro a donde se le arreglaría la transmisión hasta el otro día, ya que no había un chofer que lo hiciera, y como el carro no se movía fue necesario que Frankelis esperara, acompañado de la mayor paciencia.

Pero esos sabotajes no habían sido los únicos porque antes de eso también Frankelis había perdido cuatro vehículos más sobre las mismas condiciones.

En cualquier circunstancia, el dominicano era un ente especial debido a que hasta en las exportaciones, vivía perjudicando al pueblo para beneficiarse dos o tres, si había una producción de plátanos o de habichuelas, vendían lo mejor en el extranjero, y las rabizas las dejaban para el pueblo.

Muchos querían atribuir esa idiosincrasia del comportamiento del dominicano a los españoles, pero muchos ignoraban que por donde quiera que se barajara, era como si nadie estuviera libre de culpa para lanzar la primera piedra, debido a que Colón era italiano y la mayoría de los que lo acompañaron fueron árabe moros y beduinos acostumbrados a desafiar tormentas en el desierto, y que habían estados en las prisiones españolas por delitos mayores, y de quienes los reyes diferían, por lo que al no tener mucha fe en el viaje de Colon, lo dotó de una dudosa tripulación, principalmente porque no veían como un proyecto serio la empresa de Colón, sino como un azahar de aventureros, y como en ese entonces la mayoría creía que la tierra era plana y no redonda, pensaron que sería una forma fácil de deshacerse de ellos, ya que pensaban los reyes y la iglesia en ese entonces que al cruzar la línea divisoria del cielo y la tierra, aquellos caerían en el abismo y morirían, pero no fue así, y por circunstancias del destino los marineros del rumbo perdido, habían sobrevivido a su aventura, y extraviados por creer haber llegado a las indias orientales, por esa circunstancia del destino, habían abordado a un nuevo sendero, al que nombrarían el nuevo mundo al que habían confundido con las indias orientales, por lo que habían nombrados a los aborígenes o nativos con el sobrenombre de indios, debido a tales orígenes, hay muchos dominicanos que se confunden con los árabes, y muchos árabes que aman a los dominicanos, y a pesar de la diferencia cultural, muchos de los varones Árabes , tendian a casarse con mujeres dominicanas.

A esta altura del juego algunos organismos internacionales, hicieron estudios psicosomáticos del dominicano con intención de determinar cuáles eran los mansos y los cimarrones, y cuál sería la mejor inyección, para domesticar a los cimarrones, para concentrarlo y domesticarlo, a fin de someterlo a la voluntad del mejor postor, por lo que determinaron que el dominicano más que sabio, es malicioso, más que servidor, es servilita porque entrega a su propia gente por nada.

CAPITULO IX

Los lambones naturales,

no saben disimular,

andan buscando razones,

para ponerse a babear,

no hay perro que los superen,

solo les falta ladrar,

es un tópico normal,

del que es lambón natural.

PERSIGUIENDO UNA ILUSIO'N

Cada vida arrastra un origen, una condición y una trayectoria, es la razón por lo que quisiera hablarle de los chicos y su destino:

Asumían la condición que manifestaba el alma, que de hecho, era la receptora a través del cual se manifestaría la idiosincrasia de la individualidad de cada ser, para expresarse o silenciarse.

Y muchos hablaban en una turbulencia retractada, y decían sin dirigirse a nadie:

Merodeando en el camino, ando buscando el destino, y la chica de la enmienda, quiere que compre en su tienda.

Ella busca que la lleve a donde mucho se quiere, acerca del celular, algo les voy a contar, ella lo quería agarrar, y por poco se le cae, pero no se le cayó, y por falta de caérsele, aun lo mantiene agarrado, porque si vuelve a doblarse, no estará estabilizado.

Por eso vivo creando y el enemigo robando, la justicia está al doblar, los tiranos temblarán.

Mientras algunos se hacían los locos para robar lo que no era de ellos, yo me mantenía sereno, estaba en paz sabiendo que los conspiradores tarde o temprano habrían de pagar.

Pues nada era casual, y cuando alguien se sentía expuesto a los tramposos, lo que más importaba era saber, cuales medidas tomar, para evitar ser engañado, pues el cinismo y la hipocresía de la gente, había ascendido, y aunque hablaban de ética, no la conocían.

"En el principio Dios era el verbo y verbo era la palabra"

La claridad de pensamiento nos induce a expresarnos en función de lo que traemos por dentro, porque de lo que trae el corazón habla la boca, y no era raro escuchar a lo largo del camino, que algunos hablaran sin pensar, todo lo que le acudía a la boca y refiriéndose a otros decían:

--- - Lo cierto es que la tolerancia es una virtud de luz, porque si no fuera así, seria duro el buen decir, porque esos achichincles, tan solo parecían, auténticos abortos criados, de aquellos que aún se ignoraba cómo fueron concebidos, porque solo con su ranciedad, se confirma, de que existen.

Una de la manera de evitar el fatalismo para no atraer lo peor, seria aprender a expresarse, por ejemplo en vez de decir no hay dinero, mejor diga: "No ha llegado el dinero". una forma de reiterar la esperanza de lo que se espera, y no bloquear las bendiciones, debido a que al ser hijos de Dios, que es el dueño del oro y la plata, somos herederos de sus virtudes y de sus bondades, no somos pobres, somos herederos.

HIMNO DE REDENCIO'N:

Por amor hay redención, por el amor que da el señor, miramos hacia arriba, y miramos a todos lados, pero el camino viene asignado.

En la sombra eres figuras, pero en la luz, eres hermosura.

Oro a Dios con esplendor, y en la oración me rinde honor.

Mi Dios vivo me da amor, cariño de redentor.

Miro al cielo y veo la luz, veo el amor que otorgas tú.

De por sí, yo soy feliz, por el amor que mora en mí.

Veo hacia arriba, y a todos lados, pero la luz, nos trae milagros.

Celebremos el gran concierto, con la cordura del padre nuestro.

Celebremos la libertad, con la verdad que atrae la paz.

Comprendamos con honor, la conciencia del redentor,

Todo está para ser gloria, y también para ser paz.

Tendremos todo, nada nos faltará.

Dios me ha dado una grandeza que ignoraba.

Ser su hijo, fue gracia de mi tesoro.

Porque está escrito en el libro de la libertad,

En el planeta reinará el amor, y habrá gloria y paz.

Los Dominicanos comunes no podían estar juntos ni separados, muchas veces cuando no estaban chismeando o atacándose entre ellos, se les veía reburujados, uno encima de otro, sin importarle, si uno iría a contagiar al otro, con la gripe o la pandemia, y cuando discutían era voceando y maldiciendo de manera que cualquiera que no los conociera, o que no conociera esos estilos de ellos, bien hubiesen podido sentir miedo o vergüenza ajena.

Como hemos podido ver, el dominicano es un ser impresionante, se deslumbra con todo lo que brilla, frecuentemente vive confundido, por lo que le es fácil caer en manos de sus enemigos, entonces aquel que necesita utilizarlo, le otorga para que compre golosina, de aquella que le generará la diabetes, y él en su condición agonizante seguirá celebrando su fiesta, aun sabiendo que lo que le otorgaron por la entrega, tendrá que usarlo para el co-pago del medicamento de su enfermedad, porque es tan confiado, que poco de ellos dudan de nada.

La mayoría cree en lo primero que le dicen, porque a muchos se le hace difícil leer, por eso muchos resultan engañados, por eso cuando le hablan mal de su propia gente son los primeros en querer crucificar a su prójimo sin investigar si lo que dicen de la víctima es verdad o es simple rumor, sobre todo en estos tiempos de calumnias y calumniadores.

Muchos son confianzudos y solo respetan a los desconocidos, pero muchas veces les faltan el respeto hasta al presidente de la república:

Como aman el dinero, algunos por no decir casi todos aceptan sobornos para hacer burlas a los de más, o lo que se puede decir, hacer trabajo sucio, a los que el enemigo ha querido victimizar, para que se peleen uno con otro, para que la violencia le genere el desamor, y aquellos que por tradición aman al extranjero, permiten hasta que la policía haitiana se crucen armado para su lado, sin exigir diplomáticamente que no se vuelva a repetir tal violación de derecho internacional doméstico.

Porque ellos prefieren vivir zancadilleándose uno con otro, así le era más fácil a sus enemigos lograr sus objetivos, porque un pueblo dividido es un pueblo debilitado porque solo la unión hace la fuerza, y un pueblo unido, jamás será vencido y la intención del enemigo de ponerlo a hacer trabajo sucio, es para que acumulen expedientes o récord que los hagan cualificar como delincuentes, para que en el libre albedrio, se les haga difícil salir de abajo, y la sociedad lo certifique como auténticos miserables de forma que al descubrirse lo que hicieron por debajo quieran culparlos a ellos.

Es necesario esforzarse para despertar, a esas grandes masas que aun duermen.

La vida en el país iba de calamidad, en calamidad, los políticos solo pensaban en como colectar lo que iban a saquear, porque el pueblo bostezaba de hambre y moría de insalubridad, y buscando impresionar a las instituciones internacionales, muchas veces, el gobierno usaba los fondos que necesitaban para construirles las escuelas a los dominicanos, lo usaban para hacerle alguna escuela a los haitianos, o facilitarles las salas de partos en los hospitales, y algunos haitianos no agradecían tales gestos, porque lo veían como una miserable dádiva, frente a lo que ellos se merecían, pero como el dominicano no se daba a respetar, y los gobernantes estaban concentrados en robar, tampoco, lograban el respeto del haitiano que era tan confianzudo como el dominicano.

El problema dominico haitiano tenía que solucionarse, pero se necesitaba un gobernante de carácter con vocación de servicio, que entendiera lo que significaba lo que era una problemática humanitaria.

La novela el "Adalid" le había dejado una propuesta, pero se necesitaba estar informado y leer para enterarse, no seguir actuando como los mandaderos de una árdea que solo le importaba comer, defecar y morirse, cuando existían las posibilidades de estar a la altura de los grandes.

La magia del enemigo le hacía ver los espejos como oro, y las algarrobas como flores, en el fondo el enemigo sabía que la diáspora era inofensiva, la única vez que se tornaba nociva, era cuando en su ingenuidad y su xenofobia, se dejaba influir por sectores que operaban fuera de su etnia, cuando aquellos le ofertaban un camino de aparente pulcritud, cuando en realidad, en la medida que lo transitaran irían vendiendo su libertad, por lo que el enemigo los iría conduciendo al valle de los esclavos, al grado de zombificarlos.

CAPITULO X

Con Dios estaré en control,

Sin que importe los niveles

De las conspiraciones, que

Las pirañas del sistema

Enarbolen contra mí".

EL KARMA DE LOS PUEBLOS:

La genética de la existencia se manifestaba de diversas manera, por lo que muy pocos se explicaban el por qué todos traemos un ADN diferente, por qué? unos son tan bendecidos, y otros tan desgraciados, en realidad, todo se debe al karma de las almas, hemos vivido por millones de años, muchos en condiciones de tribus o pueblos unificados que en el libre albedrio hemos tomados decisiones garrafales que han afectados a otros pueblos inocentes, pero los efectos de las acciones no logran resolverse en esta vida, y pasan miles de años sin que se resolviera nada, entonces nace el pueblo que en el libre albedrio había victimizado al anterior, para que el anterior lo victimice a ellos de la misma manera en que el pueblo anterior había sido afectado, a eso le llaman karma generacionales del que la biblia hace mención como que se manifiesta hasta la quinta, generación.

Como se puede ver, nada permanece estático, por eso, el imperio romano ejerció su poder y desapareció, el pueblo de cuba aguantó a Fidel Castro bajo la circunstancia en que le tocó aguantarlo, y aunque conspiraron para derrocarlo, fue imposible que lo hicieran y tuvieron que tolerarlo hasta que le tocó regresar al plano sublime, además debo señalar que por eso los Estados Salvadores habían entrados en una etapa de decadencia, donde los conflictos interiores no se controlaban y donde los pueblos aledaños que habían creídos que la nación le debía algo, fueron inmigrando en masas a buscar lo suyo, aunque al momento de enfrentarse la verdad descubrieran, que nada era casual, y que todo ha estado organizado bajo el sol, y que cada cual recibe lo que le corresponde en el momento que debe recibirlo, y aunque quieran patear o saltar porque el libre albedrio lo condujo por una senda diferente, cumplido el tiempo y llegado el momento acaba dando cuenta de lo que tiene pendiente, y acaba adaptándose a su circunstancia aunque no lo pretendiera.

Entonces, aquellos que estábamos edificados en el espíritu, solíamos alegrar el alma, con un canto de esperanzas y decíamos:

Estamos bien formados, y andamos bien comidos.

Estamos bien concebidos y andamos bien divertidos.

¿Qué más podemos esperar? Si es la hora de elogiar.

Demos gracias a Dios, por su glorificación, demos gracias a Dios por su glorificación, démosle gracias a el, por su grato, tierno y placentero amor

Caminamos allá por donde vamos, siempre muy reivindicados, agradecidos por la gloria que nos ha dado nuestro padre celestial.

Aleluya, estoy edificado.

Aleluya, bien elevado y vindicado.

No hay porque perderse, porque Dios, siempre nos ha guardado.

Y así, nos manteníamos tarareando, eran tiempos de felicidad, donde cualquier chiste nos traía la paz.

A los destructores de vidas inocentes,

Dios les asentó un precedente, por

Cada maldad, tendrán que pagar,

 pues tarde o temprano se arrepentirán.

CAPITULO XI

Las burlas y las traiciones se pagan,

mientras algunos se vuelven locos por

robar lo que no es de ellos,

yo estoy sereno, estoy en paz,

se que los conspiradores caerán.

ACIONES CONSPIRATIVAS Y TRAIDORES PONDERADOS.

A pesar de la aparente democracia, de las virtudes contextuales, en Nueva York, la pava no pone donde ponía, ya no es el dulce que se anunciaba, la maldad de la mafia de la ciudad sonaba desaforada, te violaban los derechos con descaro y en silencio.

Conspiraban contra ti, si intentaba denunciarlos.

Anunciaban tus "bonanzas "para generar envidia, mientras tu sufría penurias, ¡cuánta perra hipocresía!

Por donde yo me movía un soborno acontecía, dañar mi reputación era su predilección, intentando enloquecerme montaban persecución.

Sus propias leyes violaban, como premeditación, buscando de qué manera generarme confusión.

Mis recursos retenían sin penas ni compasión, pero me hicieron más fuerte, para su desilusión.

Eran tiempos de turbulencia, Nueva york seguía siendo la ciudad de la admiración, pero sin embargo, algunos de los que se quedaban a residir, tendían a alegrarse, o a sufrir, era una ciudad donde se hacía necesario estar disciplinado, porque aquel que había nacido débil, cuando no era atrapado por el vicio, estaba llamado a enloquecer, o a morir, pasaban cosas insólitas donde no siempre se reflexionaba, y se ignoraba quien era amigo, o quien te vigilaba, como tu enemigo, muchas veces no se sabía quién te serviría, o quien te hundiría.

Corría el año 2024, cuando la tecnología se definía y la publicidad te alteraba la paz.

En ese entonces, los testaferros eran tan miserables, que por dos o tres dólares, mentían sin medir las consecuencias de sus actos, ignorando que cuando se les presentara la sombra de la destrucción, pedirían clemencias con desesperación, y era que ellos siempre ignoraron que ser hombre no era alcanzar la mayoría de edad, sin moverse más allá, no sabían que ser hombre era ganar capacidad, para aprender a volar, para cumplir con la humanidad.

Conocí a Roberto Lobo, abogado con fama de hombre serio, y cumplidor, y aunque yo no voy a decir que ese abogado era un cínico, un mentiroso y un ladrón, si puedo afirmar obviamente, que mi experiencia con él, no fue de lo mejor.

Desenterraron todos sus muertos, para inhabilitarme, más aun así, no pudieron, porque el poder de Dios, ha sido más grande que las maldades de ellos.

Para despertar al hombre, se hace necesario mezclarle los asuntos de Dios, con los asuntos del mundo, porque todo lo que se genera en el mundo, es permitido por Dios, y no debemos avergonzarnos de hablar, de lo que Dios no tuvo vergüenza de crear.

El dominicano ha sido supersticioso por nacimiento. Y la mafia sabia eso, no se habían conformados con las maldades, sabotajes de los mecánicos, siempre andaba alguien siguiéndome y cuando veían que yo llegaba a algún establecimiento, se percataban de que sus súbditos me conocieran bien, para cuando yo entrara a comprar algo ya fuera en un restaurante, o en una bodega, ellos querían asegurarse de que toda acción de los empleados, en nada me beneficiara y que se ,me cobrara más que a los de más. Habían intentado por todos los medios de empobrecerme para que mis tarjetas de crédito siempre estuvieran cargadas de deudas, también además de retenerme beneficios que legalmente me correspondían, intentaban hacer fraude en mi contra y dificultar mi proceso de éxito en lo que yo hiciera, y hasta en dilatarme cualquier trámite migratorio, para que no pudiera salir de la ciudad.

Es decir, aquello era una especie de locura obsesiva.

Me brotaban los recuerdos de mi abuelo cuando me decía:
----- Ten cuidado con quién andas y por donde caminas, en una nación de conspiracion, juntarte con gatos es un desacato, más que un gran honor, era un gran dolor.

Entonces yo pensaba que las burlas y las traiciones se pagaban, mientras que algunos se volvían locos, por robar lo que no era de ellos, y sentía estar sereno y en paz, sabía que los conspiradores, tarde o temprano caerían.

El mundo estaba tan tergiversado que no se sabía en quien creer, en ese entonces se contrataba a un abogado, o llegaba a un acuerdo con él, y muchas veces se inclinaba más, a defender los intereses del adversario, antes que los de aquel que lo había contratado, convirtiéndose así en doble agente, más para perjudicar al que lo contrató, que a aquel que lo sobornó, de quien pasaría a ser el testaferro, y esa problemática de injusticia social, de racismo y discriminación, se tenía que acabar,

Por eso le hacía saber a Roberto Lobo, mi abogado, que yo lo sabía todo, y que si alguna vez intentaba mentirme, traicionarme u ocultarme algo relacionado con mis intereses, que se retractara antes de que fuera demasiado tarde, y su prestigio rodara por el suelo, porque Dios, planeaba aplastar a todos aquellos que habían intentado defraudarme por lo que le había advertido al respecto pero el susodicho abogado me respondió:

"Iniciaré un proceso difamatorio contra ti, buscando daños punitivos y compensatorios, si continua lo haré".----- Dijo.

Aquel estilo de dirigirse a mí, me dio a entender que tal amenaza no era más que un estilo manipula torio de algunos abogados, de esos que buscaban encubrir algo, sobre todo cuando me había hecho firmar un papel que decía que tenía alguno reclamos a mi favor que no se habían distribuidos, por lo que él quería que yo aceptara que tales fondos fueran depositados en una cuenta, como ya él había peleado cinco casos de ocho que le había entregado pues no vi nada de malo en firmar, aunque para tal empresa el no dio el frente si no que envió a la secretaria quien tenía un afán poco común, pero después que firmé habiendo negociado un accidente del caso con la aseguradora del lagarto, entonces me dijo que ese era lo último que me quedaba, por lo que le dije que no juegue conmigo, habían dos casos en lo que el negaba haberme representado, pero que ya en el pasado me había dicho que estaba trabajando en ellos, y no había vuelto a mencionarlo, entonces le dejé saber: .

----- Roberto Lobo, de lo que yo me asusto muchos se mueren, los casos que te estoy reclamando tu no me lo has pagado, los tenia Frank cielo, y te los pasé a ti, había uno de brutalidad policial que lo trataste como un accidente de carro, uno de una cirugía en una pierna, y el caso de Maxio Gomez, y es posible que esos casos ya hayan sido pagados, y tú ha guardado silencio al respeto, yo soy el que yo soy y no me voy a dejar despojar de la compensación del dolor que tanto daño y persecución ha generado a mí, y a mi familia, así que coge lo tuyo y entrégame lo que es mío, y dejas de estar jugando con mi cabeza.

Desde ese momento él, me refiero a Roberto Lobo, dejó de responderme el teléfono, supe que se había ido en un mes dos veces de vacaciones, y yo con mi serenidad me dediqué a recabar mis pruebas para ir a corte a indagar el origen y el propósito de tal conspiración.

Mientras tanto le agregué :

LITIGADORES DEL MAL.

Los corruptos y corruptores, danzan y se dan

las manos, pero se hace necesario un

Saneamiento social, que nos induzca a ubicar,

a quienes hay que denunciar, picapleitos sin moral

que están muy presto a saquear como gato desleal.

Esos corruptos sin ética, no se le debe aceptar que hurten la compensación producto de un gran dolor.

Dizque por ti lucharán y a tus espaldas te negocian,

Creándote malestar.

Esto no es difamación, es un reclamo de honor,

que evita la corrupción.

Esto es un gran mal social, que se debe erradicar.

Queriendo disimular, un fraude intenta montar,

Para defraudar la víctima y así poderlo saquear.

Son un fiasco natural, que debemos investigar,

Hay muy pocos abogados, en quien se pueda confiar.

Por las monedas de Judas, suelen dejarse comprar, y muchos de ellos pertenecen, a la mafia contextual.

Visto todo lo acontecido realmente, había de todo en la viña del señor, y el ladrón solía juzgar por su condición, había algunos oficiales de policía que eran esclavos del vicio, y acababan persiguiendo al hombre honrado, pero en su afán, solían dejar las puertas abiertas a los ladrones o a los amigos de lo ajeno.

Veamos la actitud del abogado Roberto Lobo:

En sus cuarenta y dos años de servicios Roberto Lobo, había desarrollado un condicionamiento emocional, que consistía en decir una cosa hoy, y mañana otra, carecía de una coherencia de criterio, no se sabía si el propósito era confundir y manipular con la intención de saquear, pero así se mantenía, quien no lo conocía juraría que era un hombre digno, sin ningún tipo de malicia, pero no era así, mentía con facilidad y con su segunda intención, se hacia el loco y cuando se le tocaba el tema del dinero que había retenido, buscaba la manera de cambiar de conversación, si hablaba por teléfono con alguien a quien tenía que responderle acerca de un pago que él no quería hacer, lo interrumpía alegando que no podía seguir hablando por teléfono y colgaba para evadir responder sobre el reclamo.

Era el retrato vivo de su padre, había nacido en nueva york, pero era hijo de un inmigrante judío de los que habían huido para Estados Unidos, durante el holocausto, ni tan ángel, ni tan santo.

En realidad es sorprendente lo acontecido, el planeta parecía perdido, muchos habían abandonado a Nueva york, por un proceso de deportación, muchos eran inocentes, pero indocumentados.

Algunos conspiraban contra los inocentes, y generaban hechos, para justificarse, reteniendo lo tuyo tratando de descualificarte.

Pero, los deportados portaban su malicia, y eran tan descarados que con bola de quesos asaltaban los bancos, y la Isla se sentía perdida.

Fingiendo que las bolas eran bombas, los regentes en los bancos, eran acobardados, y los empleados, entregaban los fondos sin pensarlo.

Los testaferros estaban infiltrados, y el planeta después de la ciencia, se hizo una vergüenza, y las mafias predispuestas, servían a la bestia.

Para que se supiera, que apocalipsis ya lo había anunciado, de que la bestia estaba gobernando.

CAMINO AL ANDAR.

Cuando el vicio te controla

y tu conciencia no funciona,

Vas perdiendo el equilibrio

Y por una copa de vino,

 Vende a tu mejor amigo.

Es que el camino al andar,

no es el destino final.

Todo aquel que es libertino

e interfiere en tu camino,

Es porque se cree perdido,

Sin entender que la vida,

Nos conduce hacia el destino.

CAPITULO XII

BU'SQUEDA DE CONDICIO'N

Las Inmigraciones en el trayecto de cambiar la forma existencial de aquellas naciones forzadas a emigrar, porque su caudal se estuviera acabando, nada es casual, y como lo dije lo vuelvo a reiterar:

No se mueve una hebra de cabello sin la voluntad del padre.

Así como nacen los niños especiales, con mentalidades amplias o reducidas, así nacen algunas naciones, muchas veces por el propósito del karma, y otras veces porque necesitaban experimentar esas experiencias.

Por lo mismos surgen aberraciones que parecen del libre albedrio:

"Parásitos sociales atrapados en el vicio, y suelen justificarse detrás de un escritorio, nunca han hecho nada, ni si quiera por ellos mismos, y buscan usurpar las creaciones ajenas, no para servir, sino para lucrarse de forma fraudulenta."

En el marco cultural de la interpretación folklórica, la población se autodefinía en el estilo de su condición.

Algunos testaferros, muchas veces eran llevados a los lugares donde operaban los que se negaban a aceptar las propuestas de sometimientos que hacia la mafia contextual, para que aquellos fueran humillados, muchas veces de la peor manera.

Por ejemplo, ellos les pagaban a un Dominicano para que hiciera ese tipo de trabajo sucio, muchas veces escogían a alguien proveniente de algunos de los peores barrios de la república para que acudieran a sus lugares de trabajo nada más para ridiculizarlo y hacerlo quedar frente a sus compañeros de trabajo, como el malo de la película, aunque nunca antes de ese día se hubiesen vistos en la vida, esa era una de la forma que la mafia contextual usaba para desacreditar a sus víctimas, para luego si la victima respondía con un arranque de violencia, ponderarlo como loco, por lo que de alguna manera el planeta necesitaba una liberación de ese tipo de entidades que en el libre albedrio, estaban multiplicando el karma de las almas que intentaban superarse.

Es bueno que sigamos mirando la actitud con el propósito de verificar a aquellos que se nominaban como popis, y gua-guas,

Los popis eran los ricos, y los gua-guas, los pobres, y a propósito de ellos, se había generado esto:

Hasta ahora ha sido la repetición del mismo patrón,

de un sistema opresor.

Ellos esperaban en Dios.

Una transformación general

de la población.

Mientras ella, si, el dilema que ella tiene

Es algo que hace pensar, pues tanto convoca a pedro, como también a don Juan, a ella le gusta vivir, bajo el régimen de dos, por eso muy pocas veces, podía levantar la voz.

LOS POPIS FRENTE AL GOBIERNO, Y LOS BLA BLA, PADECIENDO.

¿Qué fue lo que sucedió que a Wilking, perjudicó?

Wilking era un chico de los tres brazos, abusado y maltratado.

Encerrado en la victoria y no es porque haya ganado, es que acaso no es humano?

Estoy dedicado a aprender y a asimilar, si yo soy de los de antes, no hay razón para que haga lo que hacen los de ahora.

Si en el momento que se generó el acontecimiento con aquel, bien pudimos pensar que era un chino o un delincuente común, pero no, simplemente le habían puesto una denuncia manipulada y amañada, emanada de la hija de un teniente que había tenido una aventura con él, y para continuar aventurándose con otro, le puso una querella que le extendiera el tiempo que le asignaron para salir, no obstante ella, la hija del teniente y su pandilla de influyentes, se quejaron de tener miedo, sobornaron a los hambrientos que representaban a la justicia, y aunque ya había cumplido su medida de coacción, cuando ya se había optado por tirarlo afuera, por una queja renovada de la maldad planificada por aquella, lo habían retenido, en violación de la ley, dejando pasar otro año con él, retenido y cuando nuevamente estaba listo para ser nuevamente mandado a la calle, para agravar la condición una vez más, le pagaron a otro prisionero para que lo provoque, por lo que tal provocación genero una pelea entre ellos, y viendo lo acontecido se surgió una justificación para la intervención de la policía, la cual ya tenían definido su objetivo, y dándole macana a Wiking lo hematomizaron dejándole el rostro y todo el cuerpo abultado tan golpeado que solo parecía un chino de rostro encogido, aunque en realidad, no era otro que un dominicano más, que más que de los popis era de los gua, gua.

Se esperó escuchar la voz del defensor del pueblo, denunciando el flagelo de Wilking, un hijo del pueblo, pero como siempre, si no se escuchaba la voz del dinero, no habría esperanza ni consuelo para el pueblo.

La República Dominicana, necesitaba un saneamiento social real, a todos los niveles.

es, que los políticos solo querían llegar a saquear el erario público, y no a resolver las necesidades de la población, se necesitaban grandes reformas sociales reales, no demagógicas, para hacer verdadera corrección de la población, sabíamos que el hambre y el desempleo habían hecho del país, una fábrica de delincuentes, por lo que la población debía dejar las payasadas y exigirle cambios reales del sistema a los políticos, para que se incrementara la inversión para la educación, ya que en ese entonces, la mayoría del Dominicano aún no había logrado ser alfabetizado, y hasta algunos profesionales graduados, tenían sus baches académicos, por lo que también muchos de los no alfabetizados no leían y tenían un alto porcentaje de creencias erróneas, asumiendo como realidad, todas las mentiras y rumores que escuchaban, aunque detrás de tales mentiras y rumores, se escondieran grandes y radicales manipulaciones.

Se hacía necesario empezar a implementar las correcciones nacionales, aplicando la justicia social, para la transformación real.

Esa vendría siendo otra forma de evitar la inmigración masiva, de la forma en que estaba aconteciendo en ese entonces que hasta de china llegaban a la república para intentar cruzar a Estados Unidos por Méjico o para embarcarse en una yola hacia puerto Rico, todo para una aventura que salvaba o condenaba porque, cuando los condenados a una habitación en Nueva York, se querían rebelar contra el gran desamor de la opresión, tras las mentiras de un sueño de emoción, sintiéndose atrapados en una quimera de ilusión.

En ese entonces grandes turbas de diferentes regiones del mundo, llegaban de forma caóticas a la ciudad, donde muchos de ellos, acababan durmiendo como desamparados en los trenes y en los parques, y era que "la pava no estaba poniendo a donde ponía" y las cosas no eran como se decían.

CAPITULO XIII

'IDIOSINCRA'CIA

Mientras en Santo Domingo, el pueblo continuaba atravesando vicisitudes, con un alto incremento además, de las "chapeadoras", que era otra forma de definir a las mujeres que se dedicaban a buscar dinero a través de engaños, o usando a sus víctimas.

Les hacían creer a los hombres que eran de importancia para ellas porque los querían, aunque cuando le sacaban el último centavo lo soltaran y se les desaparecían o se escondían, sus especialidades eran los mayores que cedían a todos los favores que ellas les solicitaban,

A los mayores les hacían creer que tendrían algo con ellos para inducirlos a que resolvieran sus necesidades económicas por la que ellas estuvieran atravesando.

Cuando tenían un acercamiento romántico con un joven a quien no habían podido sacarle nada, tendían a escondérsele cuando desde la distancia lo veían aproximarse, y si en ese momento la involucrada se hacía acompañar de alguna amiga, le decía a la que la acompañaba "cúbreme que ahí viene el sucio de Farfán, ese es más duro que un concreto, y no le da sus cuartos a nadie, come y baja la comida con mabí y a veces con una pequeña, y el resto lo mete en el banco, él se cree que las cajas tienen bolcillos y que cuando se muera se va a llevar los chelitos".

----- Ay querida, dejas tu resentimiento, que él no es mala gente, de todos modos, ya te dejaste coger, ya te acostaste con él. Ahora resígnate que salte, truene, o venté, ya el palo esta dado.----- Dijo Trina, su amiga.

----- Pero no me vuelvo a acostar más con él, es más, no quiero ni verlo, voy a esconderme detrás de aquella columna hasta que pase, tratas de no meterme al medio, si te preguntas por mí , no le digas nada.--- Dijo mientras se retiraba a ocultarse.

Así solían manifestarse aquellas cuando habían sido agraviadas por uno de esos chulos callejeros.

Tales acciones románticas eran el estilo de desahogo de aquellos pobladores, ese era el estilo de los gua-gua, mientras que los popis, tendían a declararse con flores de colores. Y sortijas de románticos amores,

Pues todo esto se genera en función de la asignación o la selección, porque quien no escogió riqueza antes de nacer, en el libre albedrio aunque rampes de espaldas, o eleve las nalgas, se le hace difícil alcanzarla, ya que lo que no viene de arriba como destino, abajo no es más que un simple agregado, que genera el libre albedrio.

Si es por artificio alquímicos, o maléficos, como llegó se te vas, y esa es la realidad, así, pues, la bendición del cielo, es tierno tesoro que me das consuelo.

Echando una pava, algo acomodada, estaba la nana, de la niña Alba, todos la querían, hasta el policía, cuando iba al cuartel, la puerta se abría, el padre Ruperto, también la quería, y yo vigilaba cuando ella dormía, y la niña alba ojitos me hacía, y yo, la besaba con la boca mía.

Era en la distancia cuando yo lo hacía, pues la niña Alba también me quería, y yo aprovechaba que toda cansada, la nana dormía.

Y, la niña Alba, tan solo era mía, pues, yo la besaba y ella me veía,

Todo era algo así, la nana le hacía de su institutriz, yo era el vecinito que le hacía reír, ella me miraba sin nada decir, pues temía hacer ruido que iba a descubrir, que aun en la distancia, yo la hacía reír.

La herencia cultural de la nación, databa de todos los tiempos, cuando un dominicano quería algo, se valía de todo maleficio al alcance de sus manos, tendía a abrazarse a la condición de su superstición,

Un ejemplo claro de esa condición se encuentra en esta anécdota de los tiempos de Trujillo, que narra que en una ocasión en un municipio del sur del país, había pasado una camioneta llena de guardias, y aquellos vieron unos chivos hermosos que pertenecían a un señor a quien llamaban Domingo el Mocho, al ver los guardias la forma hermosa de los chivos optaron por abogar en cómo colectar algunos de esos chivos para el jefe, entonces los guardias le dijeron al propietario, que el jefe quería seis chivos de esos, que él quería que se los vendan o se los regalen, por lo que Domingo el Mocho viendo que el mensaje de los guardias sonaba como una impertinencia, les respondió de forma seca y radical, que él sus chivos ni los vendía ni los regalaba, entonces ante la cerrada negativa los guardias se fueron, pero más tarde regresaron y se llevaron a Domingo el Mocho, y a los chivos, y hasta el día de hoy, nunca se supo el paradero, el dominicano es tan aferrado a lo suyo que antes de soltarlo o abandonarlo, mejor prefiere morir, en el momento de un libre albedrio el no entiende que con salud y vida, todo lo que debe alcanzarse se consigue, ya que todo obedece a lo que se escogió o se le asignó, antes de nacer.

Son muchas las diversidades de anécdotas en función de la herencia hispana, pero muchas han sido generadas por los dominicanos, pero veamos lo acontecido con azucena, aquella prima única de Kan y quien lo había recibido, al llegar a la republica Dominicana en el momento de su deportación, desde Estados unidos.

Un tiempo después de la llegada de Kan, cuando aquel ya estaba establecido, conoció Azucena un morenito travieso, de esos que ofertaban un cariñito, y después, se hacían querer a fuerza del dinero, y obviamente, Azucena se vio sin dinero y la necesidad, la indujo a irse con él.

Aconteció que se habían aquellos mudados juntos y siendo aquella más simpática que lo que Alexis permitía, un ataque de celos lo había inducido a agredir a su novia de forma tal que la demostración del acto de violencia domestica había llegado a oídos de Kan, quien acompañado de sus amigos hizo acto de presencia para advertirle al novio de su prima, que ya ella no estaba sola.

Había pasado un tiempo y todo se había resuelto entre Alexis y Azucena, tanto así que hasta un salón de belleza le había abierto en la casa, mientras Alexis sin que aquella se percatara había empezado a cubrirse detrás del salón para vender drogas, pero como sabemos, los malabares no llegan solos, y tenían aquellos una pareja integrada por Federico Medina, teniente del ejército y Karla, su mujer, debido a la cultura del dominicano que le encantaba hacerse competencia entre ellos, y de veces en cuanto hasta pisarse la manguera, Karla también le puso en la otra puerta otro salón de belleza, y algunas veces, habían días en que se hacían la guerra por los clientes, debido a que Karla no entendía, cómo el salón de belleza de Azucena se mantenía lleno de personas y el de ella en decadencia.

Indagó en silencio y encontró informantes que le habían hecho saber que en aquel lugar se vendían drogas por debajo, por lo que ella se vio tentada a tirar por el suelo el negocio de su vecina.

Debido a la condición estratégica de Azucena, un día uno de los clientes de Karla, se había ido para donde Azucena, generando este acto una pelea entre las dos mujeres que no llegó a mayores debido a la intervención de la clientela de ambas mujeres.

Esa noche Karla, había involucrado a su marido, el teniente medina, a quien le había hecho saber lo peligroso que resultaría para los niños del vecindario un punto de drogas en el ambiente familiar de ese lugar.

Al otro día era Domingo y Azucena estaba acompañada de Chila la hermana de Tom a quien había conocido un día en que habían coincididos agarrando el mismo ramillete de cilantros en el mercado nuevo, hablando e intercambiando le dijo que ella tenía un salón de belleza y Lucila le había prometido ir un día a lavarse la cabeza y a peinarse, aunque Lucila no sabía que Kan era familia de Azucena ni Azucena de que Chila había sido una víctima de las jugadas de aquel. Inmediatamente el teniente Medina tuvo la oportunidad de denunciar lo acontecido lo hizo, llamó a la policía informándole lo acontecido y aquellos se aparecieron en el lugar buscando al dueño del punto, aquellas les dijeron que ellas no sabían de lo que ellos hablaban, pero justamente en ese momento llegaba al salón Tom acompañado del teniente Abreu, que habían sido llamados por Chila, Tom buscaba a Chila, pero aquella y Azucena se habían fugados por la parte de atrás, y se fueron al plan piloto donde dieron su declaración e hicieron que sancionaran al teniente Medina, quien había quedado algo enojado y que había continuado dándole seguimiento a lo que acontecía en la casa, hasta lograr que los agentes del Tican—de micro ventas de narcóticos, se tiraran y capturarán a Alexis y encarcelaran a Azucena.

Los mencionados congéneres habían sido distribuidos a las distintas prisiones de la Nación, Azucena a Najayo, y Alexis a la victoria done había cursado 7 años. Mientras Azucena había salido a los seis meses por buena conducta.

Había pasado un año, cuando aún la dictadura morada pensó permanecería en el poder y un nuevo acto de corrupción a favor de delincuentes e inocentes, se había empezado a ofertar por debajo de la mesa, a quien pudiera pagar, lo que aprovechó azucena para borrar

Sus antecedentes penales, limpiar su expediente y abandonar el país en busca de una mejor vida, se fue a San Martin, desde donde no solo triunfó ella, sino que ayudó a familiares y amigos, enseñando que si hay una segunda oportunidad, hay arrepentimiento y reivindicación, porque, no todos los que se mancharon, lo hicieron por anhelarlo, algunos fueron forzados y lo que no corresponde al libre albedrio que es lo pecaminoso, es porque tiene que ocurrir por la acumulación karmática de lo que fue escogido o asignado en el plano sublime.

Por eso el dominicano solía sorprender con sus jocosidades, porque cuando menos tú lo esperaba te salía con algo y un día andando con Tom, y Farfán, nos pasó una rubia por el frente y el no encontró otra forma de piropearla que no fuera cantándole de cierta manera.

ELLA BAILA ASI'

De todo ese grupo, todas blanca y negra, me muestran sus danzas, bailan como estrellas, y brillan en mí, como las doncellas.

Entre todas ellas, vi una rubia bella, que me va saltando y estoy disfrutando, los muchachos dicen ofrécele amores, síguela mirando, que en un tiempecito, ya te estará amando.

Vez y llévale flores, Y vuelve de nuevo a hablarle de amores.

Ese cuerpo bello, es muy admirado, y esa rubia esbelta, me trae encantado, y le bailo aquí, y le bailo allá, cuando ella se enciende, me otorga la paz.

De pronto decide y se pone a bailar, y me tira el brazo y yo me le empasto, y ella se me envuelve como un garabato.

La rubia baila así, se mueve por allá, se mueve por aquí, yo pienso en Dios, cuando la veo feliz.

Me gusta cuando baila, me gusta verla así, siempre que ella se mueve me siento muy feliz, y se mueve así, zag, zag, zag.

Bailando así, apachurradito, su tierno ritmo, se torna bonito.

Y me baila aquí, y me baila allá, y su tierno ritmo me acelera más.

Estoy disfrutando, pues estamos bailando.

Yo soy muy feliz, pues ya vino a mí.

Apachurrados con sus brazos en mi cuello, enamorados.

Y somos felices, nadie nos desdice, y ella cada día, se mueve en mi vía, bailando así.

¿Cómo?....

Apachurrados, con sus brazos enlazados, enamorados.

Bailamos de frente, y bailamos de lado, con los brazos enlazados, enamorados.

Cuando la rubia pati vio tal locura se detuvo a mirarlo, había sentido curiosidad, porque en su vida ningún hombre había incurrido a semejante locura para llamar su atención, a ella le encantó el estilo, y desde ese día se hicieron novios, y aun no sabemos cuándo se casaran, ha pasado el tiempo y aun no se casan, pero si, puedo afirmarles, que ellos siguen apachurrados, bailando así, enamorados.

CAPITULO XIV

La confianza es el camino más

Corto para cometer un error.

Pero tampoco se debe andar temblando.

Dudando hasta de su sombra.

Lo que está llamado a ser, siempre será.

EL SALTIMPANKI

Las arenas blanquecinas hacían juego con el agua cristalina, y en el frente destacaba el sol naciente.

El trayecto de su brillo, mostraba en la lejanía, un diamante de armonía, y en el centro de sus aguas el Islote que jugaba con verdor primaveral de su arboleda teatral, las maticas, símbolo de boca chica, y en la arena de la orilla aguardaba el saltimpanki.

Si, el saltimpanki, fue aquel que existió en una ocasión en boca chica, aquel que no siendo lo peor, tampoco fue de lo mejor.

Pero él fue un joven sin escolaridad, sin formación, querido por algunos pero odiado por muchos.

Precisamente por su idiosincrasia porque él no sabía cuándo hablar, ni cuando quedarse callado, y casi siempre que hablaba la embarraba.

Tenía ojos redondos como los de un sapo y la cabeza grande como un adefesio, se comportaba como un miserable y siempre que tenía la oportunidad de abusar, no escatimaba esfuerzo en hacerlo.

Estaba presto a ofrecer su servicio, a los turistas ascendentes, que perseguían el ambiente, esas hembras Españolas, de Canadá o de Wyoming, y muchas de Puerto Rico, al saltimpanki veían, tomándolo como guía, unas propinas, y un coqueteo y si aventuras buscaban el salti, se las agregabas.

Hablaba hasta por los codos, tratando de impresionarlas, si alguna se descuidaba, en amores la enrolaba, hasta lograr escapar del ambiente radical.

Por la edad, ni preocuparse él, asumía la postura, del gran caballero andante.

Mientras más dinero daba, mejor él, la celebraba, si un masaje sugería, él le cobraba por día.

Vieja, joven, o lo que fuera, él le pegaba la espuela.

Nada de eso le importaba, era un gallo que cantaba.

Y luego, un poco después, porque a su madre hostigó un infarto la mató, cosechó lo que sembró su auto-estima, rebajó.

Y se mostró más ambicioso que el peor de los más locos.

Fanático del trabajo, su autoestima, era muy bajo él pensaba que el dinero sería su mejor consuelo, lo haría brillar en la cima, lo definiría importante, elevándolo más alto que a su vecino Thomas, llamando asi a la atención de la negrita chacha, sumando a ello la sonrisa, de todito los demás.

Siempre que hablaba boceaba, su locuela molestaba, carecía de raciocinio para entender su destino.

Lo que hablaba molestaba, frecuentemente gritaba.

No sabía lo que debía, o lo que no debía hacer antes algunas condiciones de su circunstancia, era cobarde y como tal trataba de intimidar, manipular, y desesperar a los de más, con sus gritos, de cornetas sin ritmo, por lo que no se podía creer en él, porque al mencionar a Dios, cambiaba el tono de voz.

La verdad era que había tenido muchas pruebas y él no sabía cómo sobrellevarlas, por el estilo muy familiar, le habían matado a un hermano, y un tiempo después, como él era descendientes de cocolos, de esos inmigrantes que habían llegado al país, a trabajar en la industria azucarera había logrado salir de la república, había logrado establecerse en Nueva York, pero vivía con atareo tan grande que muchas veces no sabía a donde estaba parado, su nombre era Edelmiro Maca laca y le decían papi cabeza, sus acciones y proceder de intimidación se fundamentaba en su forma de expresarse, hablaba voceando y muchas veces, de forma agresiva de manera que su forma de ser solía acarrearle frecuentes problemas con los que se movían a su derredor, por lo que ya en Nueva york, trajo a su madre de la República y después que estaba junto a ella, intentó usarla como su depende para poder recibir un mayor desembolso en los impuestos, pero como ella podía trabajar, no se la aceptaron y eso le causó una depresión tan grande que pasaba los días discutiendo cuando no era con los compañeros de trabajo era con los que le hacían competencia, oh, me estaba olvidando que aquel trabajaba haciendo delibere en un almacén de provisiones frecuentados por familias.

Era tan envidioso, que un día escuchó a alguien decir que para cambiar su vida solo esperaba que se llegara el tiempo de que le entregaran dos millones setecientos mil, que debían entregarle por concepto de un caso ganado a su favor,

Aquella expresión le caló tan hondo que esa noche no pudo dormir, por lo que la esposa le había preguntado qué le pasaba, que por qué estaba así, por lo que él le respondió lo que había oído decir a chico la lata respecto al dinero, hasta que la esposa lo convenció de que se acostara, porque al otro día, tendría que levantarse a trabajar.

Al otro día estaba tan obsesionado que aún continuaba con la inquietud por el dinero ajeno, por lo que chico la lata después de escucharlo le respondió:

----- Solo un loco o un ladrón, se pondría en esa condición. Por un tema de esa naturaleza, que en realidad, no es de su competencia.-
---- Le dijo, y le pidió que por favor, no le dirigiera la palabra nunca más.

Esa noche unos compañeros de "lambe" lo habían invitado a una fiesta casera donde le dieron ron y comida, y comió y bebió hasta que dejó de ser él, y al otro día cuando volvió al trabajo estaba tan silencioso que ni se novia, por lo que chico la lata le comentó a Tito:

----¡ Oh, qué raro que papi cabeza hoy esta callado, estará enfermo?

---- No, no es eso, fue que anoche lo invitaron a una fiesta, y a él se le olvidó que el ron dado hace daño.

----¿Cómo va a ser?

---- Si, el mal comió no piensa, y hoy amaneció resacado.--- Dijo Tito.

Chico la lata se echó a reír y Tito le correspondió.

Ese fue un día de tranquilidad, papi cabeza no se oía rebuznar.

Pasó el tiempo y así aconteció, hasta que Chico la lata consiguió lo suyo y se fue de ahí

Pero vamos a continuar contándole las barbaridades del bárbaro, tenía aquel tanta enemistad silenciosa que muchos querían matarlo, pero cuando intentaban hacerlo se acordaban que existía la policía, y tan solo el recuerdo los frenaban, pero él seguía el curso de su vida frente a tan indignas turbulencias que no faltaron momentos en que no se desesperara al ver a su madre en casa sin producir el dinero que el tanto necesitaba para ayudarse con el pago de la renta, porque se había metido en mujer, le había nacido una niña, y empezó a ver todo aquello como una carga que él no podía sostener, era tanta su lucha y su insistencia a la madre le dio un infarto y murió, algunos de sus familiares quisieron rebelarse echándole la culpa que él, se negaba a aceptar pero él seguía buscando dinero, necesitaba impresionar, envidiaba a quienes él no podía alcanzar, ni económicamente, ni como ser humano, él se sofocaba con frecuencia en su afán de alcanzar lo que no había escogido ni traía asignado, en el libre albedrío él deseaba infinitas cosas, que no siempre podía alcanzar y tal afán le provocó un infarto fulminante que lo eliminó.

Ni lo embalsamaron, y ni lo velaron debido a que por economizar, se alimentaba de basura y su cuerpo se descompuso rápido, a los tres días, la funeraria lo retornó a boca chica donde una lápida familiar esperaba por él, allí un antiguo colega del quehacer le escribió:

"Quienes crean influir y controlar las leyes de los hombres, que no hagan maldad porque la ley natural, se lo va a cobrar: " Aquí voceaste, aquí saltaste, aquí afanaste, nada te llevas, todo dejaste".

CAPITULO XV

El bandolero no alcanzará el cielo,

porque su esfinge espectral

lo hará deambular, en el espacio sideral.

EL BACA' DE SENO ALCALA'.

Hace muchos años que existió en el país un inmigrante que había llegado procedente desde España, de Alcalá de Henares, o mejor dicho de la fortaleza sobre el Henares, se trataba de un técnico Azucarero, enviado por el dictador Español de ese entonces, el extinto Francisco Franco. A su homólogo Rafael Leónidas Trujillo.

Mientras el dictador Trujillo vivió, Seno Alcalá, se divirtió y de la altura se colgó y a los grandes hombres del país, emuló pero aconteció que algo se descalabró cuando Trujillo, murió. Seño Alcalá se desesperó y un brujo fue a consultar diciéndole de cómo era eso de que él, que estaba bien y en las alturas económicas, después de la muerte de su protector, llegara a alcanzar un bajón tan grande que lo había puesto a andar rodando por el suelo, por lo que el brujo Gothe Bobé le explicó, que todo tenia solución, y como hasta el Diablo cita a la biblia para su propósito, el brujo con la mayor simpleza le explicó:

----- Dice la palabra de los que creen que Dios aún puede enderezarle el camino, que fuimos hecho a su imagen y semejanza, no en cuerpo y espesor, sino en espíritu, por lo mismo, tenemos la facultad de crear, tal y como el padre nos facultó, pero en este plano hemos perdido los poderes que en el otro lado nos permite adquirir, ver y pensar en todo lo que conviene, pero aquí a menos que no juguemos una carta con el libre albedrio, solamente podremos hacer y ejercer, lo que traemos asignado, así que tú decides, aquí estoy para servirte porque así, como los sacerdotes y los pastores, sirven a Dios, yo estoy para servirle al que le lleva la contraria----- Dijo.

Seño Alcalá quedó muy consternado y esperanzado a la vez, el no entendía que forzar el destino de las asignaciones o selecciones del plano sublime, le atraería una ampliación del Karma de otras vidas, más grande que la que había logrado sanear en esta, entonces cargado de desmedida ambición respondió:

----- Y que es lo que debo hacer?

----- Bueno, nada es gratis en esta vida, siempre hay que dar algo,---- Dijo Ghode Bobe.

----- Háblame claro como miras, que me está mortificando.---- Dijo algo aún más inquieto Seño Alcalá.

----- Ni yo lo sé, pero así como la vida es un secreto que se va revelando según tú la vas viviendo, en la medida que vaya transcurriendo el tiempo, él te irá quitando algo de lo que tu tengas.

---- Dale carajo, que barco que no navega, no hace flete.----- Respondió Seño Alcalá, mientras daba un fajo de billetes por la consulta..

Lo que sucedió en adelante yo no sé si contarlo, pero se inició una prosperidad tan grande, que el vecindario no sabía explicarlo, sin embargo si le advertiré que lo que leerán es una especie de historia no apta para menores, a los tres días después de aquella visita empezó a andar detrás de Seño Alcalá un perrito negro con ojos verdes, que encariñaba a unos, y aterraba a otros, pero eso aunque intentara dejarlo, eso no se queda ahí porque el vecindario empezó a llamar al perro, el Baca de Seño Alcalá. Porque dos días después de la llegada del perro, Seño Alcalá se enriqueció con la lotería. Le compró un carro deportivo a su primogénito Albertico, y todo era fiesta gozo y alegría.

Pero algo raro acontecía, y al año su primogénito Albertico tuvo un accidente que lo dejó paralitico y pasado otro año, intentó cruzar la calle en un lugar donde no había semáforo, y apareció de la nada un automóvil a alta velocidad que lo barrio con todo y silla poniéndolo a bolar por los aires.

Su primogénito murió, siendo ese el primer pago que el demonio le cobró.

Habían pasados dos años sin preocupación alguna, pero Esmeralda su mujer había visto que el perro negro con los ojos verdes, le había sonreído y esto causó un trastorno tan grande en ella, que se vieron precisados a encerrarla en un manicomio, o lo que es lo mismo, en un hospital Psiquiátrico.

Viendo Seño Alcalá todo aquello que acababa de pasar, se sintió inquieto y donde el brujo el optó por regresar, Gothe Bobe lo recibió y sin preámbulo le habló y dijo:

---- Lo siento Seño Alcalá no puedo volver atrás, lo que pediste te dio y a cobrarte ya empezó, cuando abandonaste a Dios, a merced del enemigo el camino te cedió, ahora que te arrepientes responderá a la serpiente, ya la mascota que tienes sin ladrar se te marchó, y hasta donde estoy mirando muy solito te dejó, tu mujer ya se murió, y en el hospital quedó, cuando regrese a tu casa también cogerán tu alma, yo carezco de saber pa' luchar contra el poder, y no sé si san miguel, te libre de Lucifer.----- Dijo,--- Gothe Bobe.

Entonces habiendo escuchado lo que el brujo le informó caminaba sin entusiasmo y justamente al llegar a la puerta de la casa se desplomó un fuego extraño en la casa se inició, y poco minutos después todo se consumió, incluyendo el cuerpo de Seño Alcalá.

Una brisa gélida invadió el ambiente dejando escuchar un susurro ardiente:

" ¿Qué tipo de malestar trae la ambición integral? Las leyes del universo, nunca se pueden violar, y al extraviar tu camino, se confunde tu destino, corrompiendo tus sentidos, y en la oscuridad naciente todas las formas se pierden.

CAPITULO XVI

PRUEBAS DE VIDA

Lo que sucedió allá en nueva york fue acto de inconsciencia para reflexión, sacaron las uñas de la inmolación, y en treinta y tres años vi persecución.

Quisieron pagarme con un galardón, y la mafia indignada hizo intervención, conspiraron muchos contra mi ilusión, todo mi progreso fue pura ilusión, lo que creí mío lo agarraron otros, quisieron hurtarlo sin contemplación, la envidia y el robo quisieron tentar, para disfrazar mi buen capital.

Conspiraron muchos más Dios los detuvo, él es mi muchacho pupilo del mundo, lo traje al planeta a experimentar, y lo que el obtuvo, eso es su manjar, se lo entrego yo, por disposición que nadie conspire por su redención, lo que hay que entregarle, se lo entrego yo, ese es su tesoro de amor y dolor, para que en justicia, viva su ilusión.

Con tal expresión, calmó los espíritus de exacerbación, y llegó la calma a mi corazón.

Yo había entrado en trance y empecé a llamarlos y hablé consternado a la desilusión y dije:

ZORROS DEL CAMINO

Los mezquinos de la mezquindad, van buscando quien les otorgue paz.

No quieren oír lo que es la verdad, y si algo no es de ellos, lo quieren saquear: Cómo se va a hacer con su mezquindad? Sí algo no es de ellos, lo quieren, guardar, para con el tiempo quererlo robar, sin embargo ignoran que lo que es mío no disfrutaran, pues la misma muerte se los va a cobrar.

Ahora estoy viviendo como un ermitaño, sin que una mujer me extienda su mano.

Suelo preguntarme hacia dónde vamos, con tanto descaro, soy dueño de todo, nada han entregado, no he visto en mis manos, ni un certificado,

Mienten a la gente de mi realidad, que tengo dinero, para regalar, y nada es tocado ¿Cuál es la verdad?

Con tantas mentiras la vida se olvida.

Yo vivo anhelando la comodidad, pero los malvados me quieren jaquear.

Si la decepción, es un galardón, tú quieres mostrarlo sin pedir perdón, una alma dañada pide rebelión, tras de la justicia de la redención, por una sonrisa movieron a Trump, a pagar millones sin contemplación, todos mis derechos me fueron violados, y hasta la esperanza a mí me han quitado, más, la mafia rancia saquea mi sendero, anda en su desvelo mostrando añoranzas de crear desgracia.

¡Que ingrata justicia genera la vida, el hombre no piensa ni en su despedida!

"TENDRA DIOS QUE RECICLAR A LA HUMANIDAD,

LA MALDAD ES UNA ENFERMEDAD, QUE BLOQUEA

CUALQUIER TRATADO DE PAZ.

Ya yo no ando buscando amigos, he vivido como un peregrino, asediado por todos y con bloqueo de camino, los perversos disfrutan con maldad, su nivel de conciencia, no le otorga la paz.

Avanzaba el tiempo y había llegado el 2024, el mundo estaba revuelto por un caos global, la mayoría de los países experimentaban excesivos crímenes que se combinaban con violencias, robos, fraudes y decepciones, sin embargo, la fe en Dios, definía el camino y dijo:

"Sigue avanzando, no mires atrás, sigue moviéndote en la verdad, todas las sombras te seguirán, pero ningunas te llegaran"

Y agregó: Soy un Dios de encarnación, por lo mismo, no debo tener la limitación que se ha presentado, las fuerzas de la obscuridad, no me podrán bloquear.

DESDE SU PEDESTAL, SUCUMBIRAN.

Algunos tipos negros, cuidan lo mío.

Socorro, baja la voz, que el ruido marca mi oído.

Si tú no baja la voz, te voy a negar mi amor.

Muy bien lo dijo páscualo, lo barato sale caro.

Según es el pájaro es el nido.

No traten de cambiarme el apellido.

El poder y la gloria están contigo.

Entonces yo respondí:

Pero también se mantiene conmigo.

Cuando empiece a reclamar, van a temblar,

La ignorancia les bloqueará el respirar.

Han creído que de mí, se han de burlar.

Y que es más grande que Dios, su poder para abusar.

Cuando llegue la factura que tendrán que pagar,

Verán que se perturbarán.

Es de Dios la gloria de cada despertar.

Y de frente a la justicia se querrán suicidar.

Para rehuir, al precio que tendrán que pagar.

Más Dios, no los dejará regresar.

Hasta que todos reciban el triple de la maldad,

que decidieron dar.

YO TAMBIEN TENGO DERECHO

En tiempo de caos y grandes confusiones, descubrí que por la naturaleza de su cobardía, el ser humano ha querido vivir en la mentira, cuando aparece alguien que dice la verdad, quiere conspirar contra él, y busca la manera de lograr que alguien que es diferente no disfrute de los beneficios, que disfrutan otros en el planeta.

En ignorancia conspiraron para matar a Jesús.

A mi intentaron bloquearme el pago de mis beneficios literarios, buscando empobrecerme, dique porque hablo mucho, y digo lo que los dueños del contexto creen que no debo decir.

Cuando le pregunté a Roberto Lobo, mi abogado, sobre mis beneficios, por su forma de reaccionar, aquel parecía inmutado, dándome la impresión de que lo habían sobornado, ya que cuando le exigí mi dinero, se adelantó a decirme que si continuaba difamándolo me iba a demandar.

…..! Cuánto cinismo!

Quien no quiere que se denuncie su malicia, que no la cometa, porque un error accidental, podría no ser censurado, pero si, es censurado, si, podría ser censurado, si es premeditado y alevoso, que se llame a la policía. Y se le ponga en porfia.

Entonces, dada su actitud, me vi obligado a decirle, que reclamar mi derecho, no era difamación y que estaba dispuesto a enfrentarlo en los tribunales si fuera necesario.

Gracias a Dios, que él y la constitución de la nación, nos otorgan protección, parecía que en la ciudad de Nueva York nada se podía resolver mediante la paz, sino simplemente induciendo a las victimas a alzar la voz para luego intentar fabricarle un caso, de que son peligrosas e insubordinadas.

Tenemos que mantenernos despiertos, en estos tiempos de incomprensión, como una forma de evitar que la prepotencia de sectores abusivos degenere en crímenes de lesa humanidad.

En cualquier circunstancia el mundo siempre ha ocultado la verdad, y hay quienes aprovechan esa brecha para abusar:

"Los malvados empoderados, sucumben en la angustia del tormento, un fuego de justicia traigo dentro, que cuando sea invocado, sus soberbia y pecados quedaran adobados en su fango de descarriados o en el excremento de sus desaciertos".

Y aunque algunos cristianos son de la secreta, y muchos de ellos hacen morisqueta, la peor receta es de falsos profetas, que privando en puros, frecuentemente generan perjurios.

Y es que muchas veces, esperar satisfacciones de un hijo desobediente, es como sembrar en un terreno baldío o arar en el rio.

Entonces se fueron inmutando hasta percatarme que los malvados estaban tan envenenados, que hasta los frenos del carro me sabotearon, ignorando que cuando el hombre llega con un propósito, nunca sería afectado por mafiosos.

Muchos generan males sociales por limosna de dinero, testaferros bandoleros mandaderos de tercero,

Porque todos aquellos que desearan mi muerte, irían muriendo lenta y misteriosamente, sin que le ampare Dios, su alma impertinente.

PLEGARIA DE JUSTICIA

He estado sobreviviendo en un hostigamiento sin igual,

La mafia contextual, no sabía cómo hilvanar, conspiró y realizó fraudes extravagantes.

Enviaban emisarios de su causa a a producir accidentes malicioso chocando mi automóvil por detrás, mientras esperaba el cambio de la luz del semáforo.

Querían justificar un fraude de dinero, que fingieron entregarme y no lo hicieron, para después fabricarme doce punto en la licencia de manejar y decir que yo era dueño de una convicción, y que el seguro del carro habría de recibir una incrementación.

Tras de mis documentos asignaron ladrones que siguieran mis pasos, cuando me he descuidado, el carro han profanando, y hasta las cartas del correo me han robados.

¡Que decepción, esos inconscientes carecen de honor!

No puede haber escases donde yo esté, pues yo soy la semilla del que es.

Los malvados deben entender, que frente a Dios, carecen de poder.

CAPITULO XVII

QUIERO ENTENDER TU MIRAR.

A dominicana fui, y aunque no permanecí, tengo el testimonio aquí.

El hombre de aquel país solía mantenerse así, viviendo de la ilusión y huyendo a la perdición.

Cualquier migaja de pan, era fácil de encontrar, todas las niñas nacientes siempre traían su pendiente y bajo el brazo guardaban, el pan que habrían de ganar.

Qué manera de pensar, sin Dios no podían andar, si él, no metía sus manos muy poco habrían de alcanzar, la agricultura dejaron para ponerse a emigrar, si no era hacia Nueva York, la capital era honor, el campesino cambió y se volvió pueblerino, la ingenuidad ya no está, y ahora hay malicia de más.

Entonces el melón le dijo a la sandía, eres una belleza inspiracional, que me motiva a almorzar.---- Expresaba don trajano a la Vánela.

Ella se le introducía, y el gracioso le advertía:

---- Ja, Ja, ja,ja,jaja, si quieres la vida mía, te voy a dar a probar, las mieles de la armonía

Así la puso a reír, y hasta la indujo a decir, con la tierna maravilla, que le otorgaba la vida.

Don trajano era un señor, algo un poco enamorado, que a las muchachas bonitas, les hacía brotar las sonrisas.

Él era un poco gracioso y sus chistes aparatosos, los ponían frente a las nenas, algo un poco estrepitoso.

Ellas siempre sonreían y le decían Don Trajano, quiero entender su mirar.

Con su mirada anhelante, usted me va a tentar.

Nadie me divertiría con la gracia de sus encías, Don Trajano, Don Trajano, no nació para villano.

Quítame el Don, muchachita, que ese Don me hace

Sentir, como un gordo barrigón, y en verdad que soy delgado, para volverme tu helado.

No se ofenda mi señor, que ese don es por respeto, pero si no quiere eso, fácil yo, me le recuesto.

Si piensa así, mi angelito, ven y dame cariñito, no hay mucho que contemplar, si está dispuesta a brillar, yo te doy tu semanal, tú eres la única belleza de quien me dejo chapear.

Ella en silencio marchó, más, pensando en él quedó, un tiempecito alejada, pero a trajano volvió.

Una miradita suave, y una sonrisa le dio, un besito en las mejillas, y Trajano la entendió, un fuerte abrazo le dio, y ahí fue que se clavó.

Desde entonces andando juntos, ella con él, se quedó.

LOS GALLOS Y LOS JOCEADORES.

Ricardo Febles oriundo de Santiago gallero consagrado en Navarrete, solía organizar peleas clandestinas, todo por evadir el impuesto ameritado por el ayuntamiento, que no ascendía a más que al diez por ciento del total de las ganancias obtenidas, donde obviamente los gallos, aparecían como los gurreros, pero como siempre en todos los quehaceres aparece alguien que tergiverse la esencia de la legalidad, e incluso algunos decían, que tales argucias obedecía a evadir tales requerimiento del ayuntamiento. .

Pero los galleros dominicanos y su creencias de que al enfrentar a dos gallos peleadores rendían honor al espíritu guerrero de la nación , frecuentemente los inducia a organizar este tipo de deporte de forma legal, donde muchas veces hasta las autoridades de los pueblos de la nación participaban, pero en esta ocasión, Ricardo febles y su contrincante vegano Julito Alarcón se habían puesto de acuerdo para tal reventón, y allí estaban todos reunidos celebrando al ritmo de la ceremonia inicial que se había de celebrar y en un rincón, los paleros tocaban el tambor a un ritmo de desesperación, y cantaban:

Los joceadores, los joceadores, los joceadores, tocan los tambores.

Ya se va a iniciar la pelea de gallo, y los joceadores, se ponen a un lado.

Los joceadores, los joceadores, los joceadores, tocan los tambores.

Ya la tía crecencia, con la niña Lola, atizan las apuestas, con las panderetas.

Sorbiendo clerén a pico de botella, el gallero Mon rocía su pelón.

Los joceadores, los joceadores, un poco alarmado tocan los tambores.

Iba doña Flora con su cacerola, promoviendo a gritos, sus pasteles en hoja, mientras que Cristina, en una vitrina, con su juventud, con salami y queso, vendía su mangú.

Era una alegría, que todos sentían, y hasta los hambrientos, estaban contentos.

El pelón armado con un espuelón, al gallo de Tico, le causó dolor.

Los joceadores, los joceadores, algo sorprendidos tocan los tambores.

Un ruido estruendoso de los apostadores, al gallo pelón le anunció el clamor.

El gallo de Tico, algo enojadito atacó al pelón con desilusión.

El gallo pelón clavó su espuelón, y el gallo de Tico se murió al ratito.

Murió con flores, murió con flores, murió con flores, cantaban los joceadores.

Brotó la violencia sembrando experiencia, y llegó la guardia e impuso su ciencia.

Algunos corrimos y desaparecimos, dos tiros sonaron, más no fuimos heridos.

Los joceadores, los joceadores, los joceadores, huyeron con los tambores.

CAPITULO XVIII

Ya concluyó el trabajo,

sin bromas ni relajo,

ya tan sólo nos queda

el hablar de monedas.

KAN, KROKI PINTURA Y DAN

Dan se despidió de sus amigos al salir de la Universidad Autonoma de Santo Domingo, abordó una guagüita voladora cuya ruta se enmarcaba desde la (UASD), al parque independencia, y de allí a la Duarte con parís, de la Manuela Diez, hasta el barrio María Auxiliadora, donde precisamente a una esquina antes de donde vivía, Dan, allí se quedó y no faltaba más, justo al momento en que los chicos malos, iban a buscarlo, al verlo abandonar la voladora, le tocan bocina y se saludan con camaradería, y lo transportan una esquina más para que entre a donde vivía con la mamá, Dan entró, besó a su madre en la frente y la cuestionó en función de lo que le guardó, ella le respondió que si hambre sintió que ahí estaba la comida que ella le cocinó ,

Dan un par de cucharada de arroz, ligada con habichuela y berenjena se engulló, y saltó corrió y salió mientras le advertía, no me espere mamita, voy a salir con mis amigos.

----- Está bien, cuídese mi hijo.---- Dijo.

Está bien mamá, te veo después. === Dijo.

Salió se montó en el carro donde esperaban los chicos malos y arrancaron.

Es algo extraño en realidad Kan se conoció con Dan, de forma accidental, pues siendo amigo de Kroki Pintura, casualmente se encontraron en el taller, cuando Kan siendo el carro rojo lo llevó a pintar, poniéndolo negro sin mucho indagar.

Pero ellos estaban recorriendo el área contextual, se fueron directamente a Manresa, donde se dieron el lujo de degustar algunos helados que incluyeron coco, frambuesa, uva y leche.

Estaban divertidos, reían a carcajadas y hasta el sabor de su grata alegría contagiaron a otros comensales.

De regreso iban recorriendo el malecón con la expresión de su alto honor, y al adentrarse al centro de la feria en el camino vieron dos esbeltas mujeres que llamaron a su atención, debido a que andaban a la vista de todos, porque había puesto abajo la capota del convertible negro que antes fue rojo.

------ "Mami, si como camina cocinas, guárdame el concón". ----- Voceó Kroki pintura.

---- Yo no solo te lo guardo, yo dejo que me lo rape.----- Le respondió la que tenía fachada de oriental.

Coge ahí, no quieres pan, come queso.---- Dijo Kan.

Ellos seguían en el carro que estaba siendo conducido por Kan.

Kroki pintura la iba observando, y ella se fue desplazando, como una gacela se iba deslizando, mueve la cadera como si bailara un tango, Kroki pintura se iba excitando, ella mostraba su presencia, él se exaspera y buscaba la manera de que Kan, detuviera el carro, y viendo que ella detuvo sus pasos, le dijo:

---- Yo no sé si es obsesión o es amor, lo único que yo sé, es que quisiera saborearme tu pezón.

---- Mira fresco, todavía no me la han hecho.

Kroki quedó sorprendido, y sospechó que era un hombre, por lo que comentó como para sí mismo:

--- Que jodido camino, estos desgraciados se han ensañado conmigo.

Entonces Dan interrumpiendo rompió el silencio quebrando su pensamiento:

----- Oyes, tu eres china? ------ Preguntó Dan.

---- No, yo no soy china…. Yo soy naranja.----- Respondió la de rasgos orientales, pero le había respondido de una forma tan amanerada que se inclinaron a entender que eran dos homosexuales.

---- Vale, dale, que son dos pájaros disfrazados de mujeres.---- Dijo Dan a Kan.

Al percatarse de tal condición salieron embalados, huyendo de la presencia de aquellos y se refugiaron en un bar donde tres rameras afilaban sus colmillos. dispuestas a darles su castigo, esa noche se quedaron con ellas, en tres diferentes habitaciones, primero estaban los seis, bailando y tomando, de pronto se levantaron y las tres se encaminaron al baño donde habían confirmado la forma del propósito, pues de regreso dos de las mujeres aprovechando que Kan, también se había movido al baño, y dos de ellas invitaron a bailar a Dan, y a Kroki pintura, mientras la tercera de las mujeres derramaba dentro de los vasos de aquellos, un polvito llamado "Dormilona", era una droga que al instante inducia al sueño, por lo que al regreso de Kan, del baño, y de las dos parejas que bailaban, aquellos ingirieron las bebidas, e inmediatamente entraron en una condición de trance por lo que aprovechando lo acontecido lo introdujeron a las habitaciones, y como ellos entraron en sueño profundo ellas los despojaron de todo lo que tenían, dejándole solo las billeteras con las cedulas de identificación personal, la licencia de conducir, y las ropas interiores embadurnadas de maquillajes.

Al despertar y verificar lo acontecido se quejaron entre ellos:

---- Coño, caímos como niños, nos jodieron esos cueros, nos robaron todo y se fueron.------- Expresó Dan.

De que Caímos, caímos,---- Dijo Kan.

---- Ah, el problema es que tu quisiste dártela de chulo, y esas mujeres no comen vainas con sus cuartos. ---- Replicó Kroki pintura.

----- Y qué pasó con la llave del carro----- Preguntó Dan a Kan.

----- Aquí esta, algo me condujo a introducirla en los flejes del colchón.-------- Replicó --- Kan.

---- Menos mal, así que vámonos de aquí.---- Dijo Dan.

Como lo sugirió lo hicieron, y envueltos en toallas blancas que parecían amarillas de curtidas, se encaminaron a la parte de atrás del bar, donde habían dejados el carro.

Kan se montó en el lado del chofer, Kroki pintura del lado del pasajero y Dan en el asiento trasero detrás del chofer, así que como los dejaron se encaminaron, se dirigieron a la ruta trazada por donde llegarían a la casa de Dan, donde después de aquel buscar dos pantalones y dos franelas para sustituir las toallas que los cubrías, habían dejado a Dan en casa de su madre, y Kan se salió del asiento del chofer, para ser sustituido por Kroki, y una vez sentado Kan en el asiento donde estaba Dan, descendieron por la manuela Diez hasta la avenida Duarte, habiendo entrado en una especie de pánico fingido, pues una cierta inquietud le había acelerado el corazón en esa condición se mantuvo hasta llegar a la Pedro Livio Cedeño que luego se iría convirtiendo en la calle 17, la cual los conduciría al puente del mismo nombre, que había sido bautizado como Francisco del Rosario Sanchez, el nombre de uno de los patricios de la nación, por lo que más adelante veremos lo acontecido

Pero, pensándolo mejor, para que andar con preámbulo cuando todo se desarrolla en el camino.

Estaban los muy tunantes escuchando la radio del país, de forma tan distraída que solo se percatan de lo acontecido cuando ya habían entrado al puente sin que hubiera forma de retroceder y notó Kroki pintura que el pánico de Kan se había agudizado por lo que pensó que aquel, debía auto controlarlo, y vio que aquel se iba doblando dentro del carro como si se ocultara de alguien y como no había otra forma de evitar lo que estaba aconteciendo, dirigiéndose a Kroki pintura, le dijo:

==== Sigue adelante que olvidé algo de vida o muerte donde Dan, y debo devolverme a buscarlo, además, me estoy doblando porque me voy haciendo del baño.----- Dijo

------ Qué pasó me vas a dejar solo en este tapón? ---- Cuestionó Kroki pintura ignorando aun lo que acontecía.

------ Sigue, sigue adelante que nos juntamos más tarde.------ Dijo al tiempo que se salía y se alejaba del carro, mientras Kroki pintura seguía guiando hasta que se convenció que el tapón no fue casual, se encontraba frente a un punto de chequeo de donde ni podía retroceder, ni abandonar el carro.

Entonces se sintió confuso y sin saber qué hacer, los nervios le cogieron con tararear una expresión:

"Merodeando en el camino, iba buscando el destino, me creí un oso muy grande, y confundí mis sentidos, entonces vociferé:

Yo vivo creando y el enemigo robando, la justicia está al doblar, los tiranos temblarán". Y en eso se mantuvo hasta que se le aproximó el sargento y procedió a interrogarlo.

CAPITULO XIX

"Nunca antes imagine que una sociedad

de ley tuviera tantos rufianes,

a los que han estado reteniendo mis finanzas,

es tiempo de que me paguen,

antes de que Dios, les cobre porque

la corrupción mueve a la tentación,

Cuando el botín, está en exhibición."

ANTECEDENTES

Durante muchos tiempos el marinero genovés, anduvo promoviendo su proyecto entre los financieros de ese entonces, pero él no tenía precisado el auténtico destino a donde se dirigía, no obstante, una inquebrantable fe, lo conducía a donde llegaría.

Y una vez había partido del puerto de palo de Moguel, en la santa María, la niña y la pinta, los vehículos marítimos que usaría en su travesía, emprendieron su camino, donde pretendían algún rumbo fijo, luchaban con las olas y el salitre.

La brisa tibia besaba sus cuerpos, y allí sofocados ya dentro del mar, gritaban su angustia dispuestos a pelear con cruda intención de sembrar dolor, algo amotinados tomado del cuellos tenían a colón.

El sol hiriente, golpeaba sus frentes y la tripulación soñolientas, cansada y hambrienta, presentó el cuadro de una rebelión, quizás sin fundamento ni razón, pues perdieron la fe, en aquella misión.

Desesperados se desenfocaron, las indias orientales fueron su objetivo, más las circunstancias trazaron caminos y hacia otro destino llegaron perdidos.

Entonces el 12 de octubre del año 1492, los ojos del genovés y su tripulación, vislumbraron un lugar complejo, diverso y diferente y fascinante, sin embargo, aún no estaba seguro si aquella tierra que vislumbraba, pertenecía a algún lugar de Asia, como lo concibió al principio, cuando se internó en los mares con la intención de navegar desde Europa hacia el poniente, por donde encontraría un nuevo mundo, que los humanistas Europeos concebían en sus alineaciones.

El genovés Cristóbal Colón, había partido de Europa con tres carabelas, tras la esperanza del encuentro de una ruta comercial, que otorgara respuestas a las necesidades ameritadas en esos tiempos, que incluían la expansión geográfica, política, religiosa, económica y social.

Antes de aquel tiempo el mundo se había paralizado, los regentes del entonces ambicionaban y radicalizaban la condición existencial hasta el momento.

En la medida que se difundió la existencia del nuevo mundo, se desató una inquebrantable curiosidad en el mundo antiguo que dio al traste con gran parte de lo que existía en ese entonces, se iniciaron las comercializaciones donde gran parte de la mercancía se fundamentó en la esclavitud.

Y de España e Inglaterra se trasladaron los negros ladinos y los negros bozales que llegarían a reforzar el trabajo que los Europeos estaban realizando en la Hispaniola, o mejor dicho, para contribuir a aliviar el trabajo de los aborígenes, que no estaban acostumbrados a realizar el trabajo pesado a que habían sido sometidos.

Para nadie era un secreto

Era una especie de caos y sorpresa del destino la que los conquistadores estaban realizando.

BRUJULA ADIVINATORIA.

Todo lo que es, había sido, con la diferencia que antes se ignoraba, para determinar la posición de un lugar en la tierra, frecuentemente se había partido de ciertas líneas imaginarias, obviamente, considerando el eje terrestre que había sido siempre la línea que unía los polos pasando por el centro de la esfera definiendo lo que vienen a ser los polos que al ser dos, se nombran como norte y sur, ubicando la circunferencia máxima llamada línea Equinoccial, a una distancia similar a la de los polos, esta línea mide aproximadamente 40.070 kilómetro, dividiendo a la tierra en dos partes iguales que hoy conocemos, como hemisferio Norte y Sur.

La brújula que usaba colón por la misma condición de limitación e ignorancia de aquellos tiempos, carecía del alcance vindicatorio de las brújulas de hoy, que está diseñada para determinar y definir la latitud geográfica determinada por medio de los paralelos, que a su vez determinaban la longitud geográfica que es la distancia que hay de un punto cualquiera de la tierra, al meridiano y que puede sumar de 0 a 180 grados del Este al Oeste.

Por eso, debido al movimiento de rotación de la tierra la hora solar varía en diferentes lugares.

Antes no existía un uso de horario, y el sol, fue la aguja de orientación.

Pero además se entiende hoy con mayor precisión que en el año en que el marinero Genovés se embarcó en busca de las indias orientales, siendo arrastrado circunstancialmente por las aguas de los océanos, hacia un destino desconocido para por accidente llegar al "nuevo mundo", ignoraba el aventurero que la tierra, en su movimiento de rotación, daba una vuelta completa en 24 horas, describiendo una circunferencia de 360 grado dividiendo la superficie terrestre en 24 horas comprendida entre dos meridianos, fundamentando así, la longitud geográfica que tanto podía ser oriental, como occidental, contándose de (0) cero a (180) grados hacia el Este, lo mismo que hacia el Oeste, de manera que un grado de meridiano hoy mide 111 kilómetro, todo esto al momento había sido ignorado por Colón en el momento de su partida del puerto de palo de Moguel.

CAPITULO XX

TURBULENCIAS DE LOS MARES Y EXTENSIO'N DE LOS OCEANOS.

Europa es un continente ubicado en el hemisferio Norte, es el segundo más pequeño del mundo y el tercero más poblado después de Asia y África.

Esta referencia se aproxima en función de la ubicación del puerto de palos Moguel, puerto fluvial del que partió Colón, el 3 de agosto de 1492 en la proximidad del rio tinto en la provincia de Huelva (España) que por cierto había sido construido en el año 1488, y de donde cuatro años después, partiría el marinero a su trayecto aventurero.

Así pues, en aquel día de soleada ilusión se marcharía colón, cargado de ilusión tras de una gloria incierta de plena redención, a todo territorio con que se tropezó un nombre placentero aquel fue y le agregó, nombró Santiago a cuba, las Antillas menores a cierto territorio en su camino él le llamó, y siguió a Dominica, pasando a puerto rico a quien llamó san juan, se pasó a la hispaniola donde habría de acampar, y fundó la Isabela como su madriguera, desde allí se movió y a cuba recorrió y a la habana llegó , moviéndose hacia el sur a Jamaica encontró.

Debemos reafirmar que navegó junto a la tripulación en las carabelas Santa María, La pinta Y La Niña, habían pasados setenta días cuando el 11 de octubre se encontró en su camino con una Isla a la que no dudó en confundir como parte de las indias orientales, pero se trataba de la Isla Guanahani la que encontró después de cruzar el Océano Atlántico, a la que el 12 de octubre bautizó como San Salvador.

Colón recorrió el Océano Atlántico principalmente porque en el siglo XV y XVI los Europeos buscaban rutas marítimas hacia el lejano oriente, por lo que Colón intentó encontrar una nueva ruta a la India, China, Japón, y las Islas de las especias, de donde aspiraba a transportar grandes cargamentos de sedas y especias.

El caso es que al llegar Colón al nuevo mundo había quedado impresionado con el matiz del vergel y el verdor de la floreta, al grado que tal impresión le generó profunda inspiración, y cargado de emoción fue a contarle a la reina de su impresión por lo que la reina pidió que no permitiera que sus acompañantes, la mayoría moros y beduinos de los Arabicos, sacados de la cárceles españolas, que no permitiera que aquellos, se adentraran a la profundidad de aquel paraíso, porque ella enviaría a una embarcación con treinta caballeros, con sus familias, para que habitaran aquellas tierras de árboles clorofilados y playas de agua cristalinas, y arenas blancas, y así lo hizo.

Con la llegada de aquellos se adentraron al corazón de la isla y se quedaron en el valle de la vega real, de donde para estos tiempos en honor a tal acción, una prestigiosa ciudad de la República Dominicana pasó a llamarse Santiago de los treinta caballeros.

de la Republica Dominicana, la región del Cibao fue uno de los lugares donde más se concentró la raza blanca aunque por la misma naturaleza del aislamiento desarrollaron la regionalización de la lengua Española, enmarcando el modismo y el regionalismo del idioma Español en América a los niveles que los que menor dominio tenían en las pronunciaciones por decir comprar, en la capital Santo Domingo, decían "compral", en el Cibao tendían a confundir la expresión comprar con comprai y bailar con "bailai", en algunos lugares del este se decía "vedde" por decir verde, como en el sur del país específicamente en San Juan de la Maguana, por decir capital, decían "capitar" y así sucesivamente.

Gran parte de la población de la hispaniola a la llegada de colón estaba poblada por aborígenes, para que se hizo necesario mostrar a los reyes muestras, de quienes en ese entonces estaban poblando el Nuevo mundo.

Esas condiciones culturales se fueron adentrando a los distintos renglones del país y no hubo quienes manifestaran su condición frente al dominio y el control de sus posesiones, tales como sus terrenos, sus animales, y sus mujeres, y muchas veces solían expresarse para mostrar su marca de control así los pobladores accionaban y gesticulaban en virtud de lo que traían, porque al encontrarse las dos culturas la más fuerte se impondría a la más débil, los españoles eran hombres de mundo, de ciudades, de vivencias, y en ese entonces traían más malicias que bondades, en cambio los aborígenes o nativos eran personas sumisas, misericordiosas, frágiles, manipulables etc.

Como hemos visto a través de las condiciones sociológica de los orígenes de la dominicanidad que generó la hispanidad, se enmarco en la fusta de esos Alibabas, todo desarrollado o evolucionado paso a paso, en función de la verdad, pero por cada pasos que dabanretrocedian dos como una maldición repetitiva donde aun a trves del tiempo, no se veia el avance y cuando se creía que se avanzaría, se incurria en los errores garrafales en que incurrieron los aborígenes en sus inicios por la ignorancia, que los había conducido a cambiar espejo por oro, pero aun asi, llegado el siglo XXI, L. Fernand mas por malicia que por ignorancia, también había incurrido en el error intencionado de dar el 97 por ciento a la Barrí Gold, y el 3 por ciento a la población, a cambio de un soborno por debajo de la mesa y parece ser, que tal descaro no le importó, porque prefirió ser, millonario arruinando al país, aunque luego tuviera que afrontar el odio y el rechazo del pueblo por un tiempo, porque él sabía que el pueblo dominicano era olvidadizo, y le encantaba el borrón y cuenta nueva

Sumado a todo lo dicho que la creencia del clero y los reyes, de que la tierra era plana, los habías conducidos por el camino de la ignorancia, decidiendo aportarle a Cristóbal Colón lo peor de lo que existía en la población en ese entonces, que no eran más que consagrados criminales que incluían ladrones, pedófilos, y violadores, con sed de oro posesiones y aventuras.

Entendiendo el clero y los reyes de ese entonces que al enviar a tales criminales con sus instintos genocidas, a tan dudosa empresa seria la oportunidad de deshacerse de ellos sin ser cuestionados al perderlos en el abismo, porque al creer que la tierra era plana, también creyeron que Cristóbal Colón y sus acompañantes, al llegar al límite de la línea que juntaba al cielo con la tierra, aquellos caerían al abismo, y ellos se librarían de tal tormento.

La delincuencia y sus delincuentes siempre en cualquier época, han resultados ser el talón de Aquiles de cualquier sociedad, porque así como los hijos mal portados son un dolor de cabeza para sus padres, de esa misma forma los facinerosos han sido la enfermedad de cada sociedad.

Sin embargo, lo que parece muy bueno, muchas veces resulta peor, porque clero y reyes no acertaron en sus creencias ya que el marinero Genovés y su tripulación habían confundido el curso de la trayectoria, y en la grata esperanza del camino, pudo sondear lo que era su destino, y se desviaron del rumbo que conducían a las indias orientales y habían sido encauzados por el camino del plano ignorado, que al ser encontrado habría de ser llamado nuevo mundo para ellos, debido a que los aborígenes o nativos, habían existidos paralelamente a ellos, creyendo así como creían los viajeros, que sólo existían ellos.

Aquel encuentro impactó tanto en los ingenuos aborígenes, que no dudaron en estudiar en su estilo cultural a los viajeros, y al no tener una noción de aquellos hombres diferentes, lo confundieron con dioses, seres de otras galaxias que ya habían estado en la tierra que los aborígenes habitaban y que le habían prometido volver, entonces tal ingenuidad no pudo ser pasada por alto, por los prisioneros que habían logrados sobreponerse al abismo, y al descubrir que los aborígenes exhibían en sus orejas y sus narices algunas piedras preciosas que para los recién llegados tenían un auténtico valor, los recién llegados aprovechando la ignorancia de los nativos se les mostraron afables al grado de inducirlos a cambiar espejos por oro, para más tarde imponerles la presión del bandolerismo obligándolos a que le digan de donde sacaban los brillantes, o forzándolos a que los condujeran a los lugares donde ellos encontraban las alhajas que exhibían, y antes las negativas viendo los aborígenes que no eran ángeles aunque los parecieran, entendieron que no todo lo que brillaba era oro, y los españoles antes la negativa de los aborígenes, empezaron a forjar la historia Americana frente a la opresión Europea, y empezaron a violarles las mujeres, a aquellos aborígenes a quienes llamaron indios, por haberlos confundidos con los habitantes de las indias orientales, y los torturaron y esclavizaron, a los niveles de que en los primeros cinco años de su invasión, ya habían exterminados un alto número de la población, y aunque con la llegada del padre de las casas, se redujeron los asesinatos de nativos, se vieron precisados a instaurar las encomiendas entre España e Inglaterra, que de algún modo llegó a aliviar el trabajo pesado que les habían impuesto a los aborígenes que en ese entonces, vivían de la agricultura la pesca y la caza.

Ya les había dicho que aquellos integrantes de esa tripulación habían sido admitidos por la reina Isabel la católica por esa causalidad del destino, ya que ella no creía en el proyecto de Colon, pero como en ese entonces en el viejo mundo todos creían que la tierra era plana, pensando que cuando aquellos pridioneros enganchados a marineros cruzaran la línea divisoria del cielo y la tierra, se caerían en el abismo, facilitando al pueblo español, la ausencia de aquella presencia de delincuentes consagrados, pero no fue asi, porque como la tierra siempre ha sido refonda, lograron circundar el erróneo vacio de la creencia de que la tierra era plana y por emarcacion del destino llegaron al punto de lo que hoy se conoce como América en honor a Américo Vespucio, el cartógrafo que integraba a la tripulación.

Debemos agregarle que el hallazgo de encontrarse con el nuevo mundo, indujo a que se re escribiera la historia del planeta, y a partir de ese momento, todo fue diferente.

Después de la fundación de gran parte de las poblaciones que hoy integran el continente Americano, hubo participación e influencia de los portugueses, imponiendo su lengua en otra nación Latinoamericana que al principio había sido bautizado como el divino bosque de la cruz y posteriormente llamada Brasil, como una madera de tono rojo que sustentaba el nombre.

Brasil es el país más grande de América latina, su tamaño ocupa más de la mitad de la región sudamericana, el 51 % de su religión es cristiana, el 26 % católica, y evangélica y el 2 % adventista.

La primera capital del Brasil fue Rio de Janeiro, pero en 1960 se trasladó a Brasilia, buscando revivir el orgullo nacional.

Debo especificar que Brasil había sido encontrado en el año 1500, por el marinero Portugués Pedro Álvarez, Cabral.

En la medida que pasaba el tiempo los visitantes continuaron su exploración hasta poblar el nuevo continente, asi que con la llegada de los exterminadores, perdón, quise decir de los exploradores, algunas otras naciones además de Brasil, con lengua diferente a la que hablaban Español, habían surgido como fue los Estados Unidos de America, la cual había sido originada con la llegada de los "Pilgrims" que fueron misioneros calvinistas que se sentían perseguido por practicas de sus credos, antes habían huidos de Inglaterra a Flandes, y mas tarde iniciaron su viaje al nuevo mundo un 15 de agosto de 1620, y después de atravesar el Atlantico Norte, llegaron el 11 de Noviembre del mismo año a bordo del Mayflower a las costas Americana de Nueva Inglaterra, province town o Cabo Cod lo que hoy es Massachusetts.

CAPITULO XXI

Los caminos del infierno, están adornados con flores,

para que los que ignoren el matiz de la primavera se

confundan, y entren a quemarse,

CONSAGRACIO'N.

Para no re narrarle lo que ustedes ya conocen, permítanme acelerar la narrativa para llegar más rápido a donde vamos, el caso es que los conquistadores impusieron su cultura, y fueron eliminando la autóctona al grado de permitir que las descendencias con más razas que purezas, heredaran lo peor.

Y aquellos fueron: blancos, morenos cobrizos serenos, cruzados, y consagraron su intensión y vieron y creyeron que la posesión era amor, y expresaban:

El dilema de estos hombres que parecen casi humano, nadie lo puede entender, prefieren perder la vida por defender la mujer, el macho que mora aquí, no se puede definir, por no ceder su mujer, ellos prefieren morir.

El dilema de la hembra, es algo que hay que pensar, pues tanto convoca a Pedro, como también a don Juan, a ella le gusta vivir bajo el régimen de dos, por eso muy pocas veces, pueden levantar la voz.

La negra ambrosia es distinta, pues me deja cabalgarla, y relincha en la sabana, como si fuera mi amada.

Aunque quieran rebelarse les mantenemos el control, y a Lemba lo hemos azotado pa' que no mire a mi amor.

Esos negros están fornidos para construir mi nido, tan solo mirar mis blancas, se los tengo prohibido.

Ella vive deleitada con ese color marrón, por eso azoto al mestizo, pa' que no usurpe mi amor.

Donde quiera que te ocultes lo sabré.

Y si corrieras, y te escondieras, te encontraré.

Yo soy tu sombra, andaré contigo, por tus caminos.

Te encontraras conmigo, en tus pensamientos.

Y seré tu consuelo, a cada momento.

Y, si huyendo de mí, te vas a dormir.

Yo seré el panorama de tu sueño.

No tendrás que soñarme para verme.

Porque en cada mirar me encontraras.

Y seré la esperanza en tus pensamientos.

El que a tu corazón, tendrás despierto.

   También, seré la música de tus conciertos.

Pues, ya en tu vida soy lo más cierto.

Porque en tu alma estoy muy adentro.

Seré por siempre tu amor del desierto.

Y aunque no me vieras me presentiría.

Yo estaré contigo, tarde noche y día.

Yo soy el motivo, de tu vida mía.

En tal dirección se definió el encuentro de dos culturas en aquellos días, y la evolución en el tiempo nos has remitido a lo que hoy vivimos que es como un proceso involutivo de forma que el macho de alguna forma se impuso a la hembra, a los niveles de hacerla sumisa hasta que muchos siglos después se difundió la tecnología y el internet como herramienta de revolución que impactó en la vida de los pobladores del planeta, a los niveles de cimentar por un lado los avances de la tecnología y la sustitución del estilo de producción, y el afianzamiento de la economía informal, por otro lado, la destrucción de las familias tradicionales y la unificación de hombre con hombre, mujeres con mujeres, y la incrementación de los robos y los engaños , el mundo andaba en estrago.

"Esa mujer me tiene dormido,

Me quiere besar hasta en el ombligo,

Quiero un chile verde como jalapeño,

a ver si despierto de mi dulce sueño".

Pero, con una sonrisa y poca prisa, retomemos nuestra narración, para una mejor definición:

Al llegar Colón al nuevo mundo, había quedado impresionado con el matiz del Verger y el verdor de la floreta, al grado que la impresión le generó profunda inspiración , y cargado de emoción fue a contarle a la reina la impresión, por lo que la reina Isabel la católica pidió que no permitiera que sus acompañantes, la mayoría sacados de las cárceles españolas, se adentraran a la profundidad de aquel paraíso, porque ella enviaría a una embarcación con treinta caballeros, con sus familiares, para que habitaran aquella tierra de árboles clorofílicos y playas de arenas blancas y aguas cristalinas. Y así lo hizo.

Al llegar aquellos se adentraron al corazón de la Isla, que en ese entonces se conocía como "quizquela", en la lengua nativa del aborigen, y se asentaron en el valle del Cibao, en donde nacería el nombre de la ciudad de los treinta caballeros, que actualmente se conoce como Santiago, que aun preserva la condición racial de los modismos del Español de América, porque fue la zona donde menos se adentraron los ladinos y los bozales, que como acto de encomiendas habían sido llevado de África por Inglaterra y España, para contribuir a aliviar el trabajo pesado de los aborígenes.

Pero a pesar de tal preservación, eso no impidió que la isla se llenara de seres de todos los géneros.

Para nadie era un secreto que al momento de revelarse la existencia del nuevo mundo, era tan grande la incredulidad, la falta de fe de los reyes, la duda de la iglesia católica respecto al éxito del viaje de Cristóbal colón, pero a pesar de tales pormenores, aquellos aceptaron el desafío del aventurero que estaría destinado a tal "odisea," por lo que le habían asignados como compañeros de viaje a los remanentes delincuenciales de aquellos tiempos, como lo había especificado ya, la iglesia católica y los reyes pensaban en ese entonces, que la tierra era plana, pensaban que Colón y sus acompañantes no llegarían lejos, porque al llegar a la línea divisoria del cielo y la tierra, aquellos caerían al abismo.

Ellos pensaban de tal manera, debido a que en Europa el relieve era de poca altura, principalmente porque las dos tercera partes de la superficie del continente habían estado ocupadas por llanuras, por lo mismo los océanos habían sido grandes masas de aguas salada que vinieron ocupando las depresiones de la corteza terrestre.

Entonces esas porciones menores de los océanos fueron llamados mares.

De ahí la creencia de que la tierra era plana porque en ese entonces no se habían definidos océanos y mares, como se conocen hoy

No obstante, sus creencias radicalmente absorbida, se habían equivocado, y aquel viaje demostró que la tierra era redonda, ya que Colón y su tripulación en vez de llegar para donde salieron " las indias orientales", llegaron al lugar que en lo adelante se llamaría nuevo mundo o continente Americano en honor a Américo Vespucio, el cartógrafo que acompañó a Colón.

Es difícil imitar al que es naco natural, mandadero de tercero, con mucha hambre de dinero, suelen crear malestar a quien le quieren robar, si en el gobierno se insertan se muestran como patanes, y sin pensar en servir, al erario van saqueando, es cierta la alegación que "aunque se vista de seda, la mona, mona se queda".

Al no saber discernir entre condición social, aunque maquillen sus trapos, seguirán siendo patanes, que solo usan al pueblo cuando pretenden llegar, y cuando se posicionan, van el erario a saquear.

¡Que terrible malestar, si quieren vivir en paz, sus almas han de maquillar, para que no aplique el pueblo su justicia radical.

El hombre perdió su norte, el planeta está llorando, es tan grande la inconsciencia, que el amor perdió su ciencia.

Y como zombis sin rumbo, han hecho a la humanidad, un cúmulo de maldad, donde ya a nadie respetan, hoy se confunde la fuerza y se pierde la razón, no se sabe a ciencia cierta, quien se pone el pantalón, y ahora la vida es caos, donde ya no hay reflexión, el mundo quiere justicia, donde no haya confusión, y donde el hombre no abuse de su propia condición.

Yo contemplaba de lejos lo acontecido, y por la dilatación de mi premiación, en ese entonces solía decir armado de rebeldía:

---- "Estoy esperando que la mafia contextual, suelte lo que no es de ellos, y me entreguen lo que es mío."

Debo reiterarle que en ese entonces, la mafia estaba integrada por criminales investido de poder, que siendo malos se promovían como buenos, y tendían aprovecharse de los menos informados, y en ese entonces algunos dominicanos no estaban muy identificados con la lecturas por lo que se mostraban mas maliciosos que sabios, por lo que siempre estaban prestos a meter la cuchara, pero muy poco inclinado a ayudar a cocinar la sopa, y muchas veces querían hablar de lo que no sabían, y otras tantas querían opinar sobre lo que oían, aunque fueran simples rumores, aquellos lo afirmaba, como hechos reales.

En mi caso, he sido un caminante, como un milagro andante, llevo muchos años en el planeta, en mi cuerpo, encarnado, y mi piel, no se ha arrugado.

Soy la bondad en el camino, eso lo trae mi destino, pues mis pruebas pasajeras han sido como escaleras.

Siempre he sido bendecido, como treta del camino.

Por la gracia de mi esencia el planeta me deleita, pues llevo un siglo encarnado, y mi piel, no se ha arrugado.

Así estaba el panorama en el planeta, se había llegado el tiempo, en que los habitantes debían despertar, sin que jamás las maldades, y el terror los volvieran a bloquear, la mayoría de los habitantes de países en vía de desarrollo, querían huir para los Estados Salvadores, sin embargo, aquella era una nación donde todos el que quería experimentar la gloria y la paz, habría de lograrlo, siempre que se auto-vigilara y se mantuviera en equilibrio, porque si no lo hacían y se dejaba deslumbrar por las vanidades, y dando paso a los experimentos y ardides de la oscuridad, no había dudas de que aquello lo induciría al desequilibrio emocional. Ya que era necesario entender que:

"Los malvados son cobardes, son enfermos mal pensados, buscando tirar la piedra, pero escondiendo las manos".

Era necesario entender el bien y el mal, conocer la diferencia para que el libre albedrio, no indujera al inocente a la pérdida de todo, muchas veces hasta de la vida.

Despierten, no todo lo que brilla es oro.

Todas las tentaciones de la vida que no fueron escogidas o asignadas en el plano sublime, resultan más dolorosas cuando se producen dentro del marco del libre albedrio, a todo lo generado en el libre albedrio en el planeta tierra, las religiones les llaman pecados.

Cuando en el planeta, se estaba haciendo algo que parecía incorrecto y se experimentaba ese momento de felicidad, era muestra de que ciertamente lo que estaba haciendo no era pecaminoso, era lo correcto aunque otros no lo aprobaran, porque las asignaciones o las selecciones, son diferentes, para los distintos seres.

CAPITULO XXII

"Los esclavos están decepcionados

, les han hecho creer que ya los han liberados,

no obstante como ganados los han marcados,,

y los mantienen enjaulados"

A'REA DE DEMOSTRACIO'N

Estamos en un plano donde hay que estar fortalecido,

para librarse de la malicia y la maldad de los perdidos,

que en su ceguera oran por mirarte herido,

porque ignoran que en cada accionar, van forjando su destino.

Así en el camino ya trillado, se vislumbra a dónde va la vía que se ha de transitar.

Y la verdad es, que la fe es como un radar.

Que va indicando a donde debes llegar.

Todo lo que me han inducido a decir y a comprender.

Me ha tornado en una antorcha de poder.

Donde el fuego de la justicia, me lleva a incendiar.

La injusticia y la maldad de la inconsciencia radical.

La fortaleza del espíritu se debe conservar, sobre todo ahora que sabemos que los tiempos se han descompuestos, porque ahora hasta el diablo quiere confundir a la gente, mostrando a Cristo como su exponente, es de ahí de donde vienen los falsos profetas, quienes hace más mal que los ateos, que dan gracias a Dios, por ser lo que son.

Y aunque siempre en el planeta han existido ensayos de nefastividad, hay lugares en la tierra donde el que carece de la autoridad de arriba, para expresarse abajo, por la mínima imprudencia, puede perder la cabeza.

LLEGADA Y EXPLORACIO'N DE COLO'N Y SU TRIPULACIO'N.

Después que Cristóbal Colón encontró a Quizquella más tarde nominada como la Hispaniola la isla estaba dividida en cinco grandes cacicazgos, Marien, Maguana, Higuey ,Xaragua y Magua, los grupos aborígenes que integraban los habitantes de la Isla fueron principalmente los Tainos, precisamente en el año 1492, a la llegada de Colón a Quisqueya o la hispaniola, todos estos cacicazgos estaban gobernados por caciques : Cayacoa en Higuey,Guarionex en Magua, Cahonabo de ascendencia Caribe, en Maguana,Guacanagarix en Marien y Mohecido, administrado por su hermana Anacahona.

Durante el periodo evolutivo como les había dicho, el nombre del lugar habitado por los aborígenes o nativos al momento de Cristóbal Colón y su tripulación abordar la Isla, era Quizquella, luego de la fundación del puerto, empezaron a llamarla la Hispaniola, pero después Bartolomé Colón la denominó "la

Isabela" que luego empezó a llamarse Santo Domingo del Puerto de la Isla de la Española.

Entonces que justamente al pisar aguas caribeña, los aventureros descubrieron que algo insólito acontecía:

La luz y la oscuridad renacieron en dos pueblos que llegaron a sembrar la lucha de lo contrario.

Y aconteció, que lo que parecía brillantez y opulencia se oscureció muchos años después de que un marinero gritara tierra sobre el mástil de la carabela, Rodrigo de Triana acostumbraban a llamarlo, también hubo otro dentro de la tripulación de Colón, a quien llamaban Américo Vespucio.

El Abuelo del abuelo, del tatarabuelo de mi padre dijo que era el cartógrafo de Colón, el que haría los gráficos sobre el plano recién encontrado, y por quien el plano se llamó "América", porque todo se asumió en su honor.

Esos gráficos más adelante, empezarían a llamarle mapas, o cartografía desde entonces y hasta nuestros días.

La llegada casual de esos aventureros cimentó la pauta de la fundación de los pueblos Americanos que se hicieron con la reunión de las diversidades, y entre ellos aparecieron los que responderían a la oscuridad, y los que estarían frente a la luz para la demostración de la transformación.

CAPITULO XXIII

No es lo mismo amar lo ajeno,

que coger lo ajeno,

al primero se le llama admirador,

al segundo lo nombran ladrón,

el planeta está invadido de esa plaga,

y de alguna manera hay que eliminarla.

CONTEXTO DE MISERABLES

Desde el año 1492 habían transcurridos varios siglos, muchos gobernantes y grandes masas de inmigrantes habían llegados al nuevo mundo y al abordar el siglo XX se generó un mejor entendimiento de que la mancha arrastrada por los conquistadores, había sido plantada en lo que hoy es la Republica Dominicana para mostrar los prejuicios de que los habitantes de aquella nación, acabarían siendo los únicos negros que se despreciaban a sí mismo, con una cultura fatalista y pesimista, pero además, muchos de ellos eran racistas y xenofóbico, capaces de vender a su propia gente por nada por lo que era fácil explicarse por qué un pueblo rico tenía una población tan sufrida, con grandes focos de pobreza, porque sus gobernantes no tenían el suficiente nivel de conciencia para desarrollar planes sociales que beneficiaran a su población en vez de enriquecerse un grupito sacrificando a la mayoría, dejando una estela de hambre e insalubridad en la población a pesar de tener una población trabajadora y dinámica, poca inclinada a los vicios.

Todo lo tratado trae una explicación, la cultura caudillista y dependiente subordinada al soborno y al latrocinio de sectores que siempre han pensado en ellos y sus familiares, ellos, y principalmente en ellos.

Esta cultura viciada era lo que había dado pie a que los mercenarios de la política aspiraran a las posiciones, no para servir sino para ultrajar y robar.

Toda esta condición de inseguridad y poca garantía para los pobladores de la República Dominicana condujo a que la población buscara los medios de abandonar la nación, en diferentes vertientes, dejando de esa forma el camino abierto a los mercenarios políticos, para vender la nación y sus riquezas a los mejores postores, porque muchos de tales políticos carecían de la capacidad de discernir con claridad a favor de los intereses nacionales, por lo que estos se inclinaban a favorecer las ofertas extranjeras a cambio de una subvención que sólo lo beneficiaba a ellos por ser los gobernantes de turno.

Frente a todo esto decía el Extinto animador de televisión Fredy Veras Goico de cuan descarados eran los gobiernos dominicanos, censurando a L Fernand de cómo se respaldó durante su gobierno a los narcotraficantes, cómo había permitido aquel que se profanara la soberanía nacional, cómo había permitido que retiraran el radal que captaba los aviones que transportaban drogas, e inclusive hasta se preguntaba por qué los Estados Unidos se oponían a que durante el gobierno de L. Fernand, en el país se tumbaran los aviones.

Afirmaba que la Republica Dominicana a pesar de su independencia, no era un país soberano, e incluso citó a Singapur como un ejemplo de combate al narcotráfico, porque si alguno era capturado en el aeropuerto intentando introducir drogas al país, era fusilado ahí mismo.

Veamos cómo tendían a desarrollarse los acontecimientos internamente, de cómo el ejemplo de los líderes afectaba a la población.

La globalización había inducido a la permisibilidad, muchas cosas que antes habían sido interpretadas como imperialismo que algunos sectores de distintas sociedades del mundo, criticaban y se negaban a aceptar, para el siglo XXI, se veían como preceptos de solidaridad y evolución.

Los Estados Salvadores para América Latina dentro del marco del Derecho Internacional, había ampliado su cuota de visados para la región, y específicamente para los Dominicanos, aunque no faltaron los críticos de tal acción alegando que la ampliación de estos visados obedecían a los planes de los Estados Salvadores y Canadá de desalojar a los Dominicanos de la isla, para facilitar el transfer de los Haitianos sin oposición a fin de convertir la Isla en una sola nación donde haitianos y Dominicanos convivieran como "hermanos", aunque otro decían que Haití era rico en un yacimiento de oro valorado entre 20,000 y 40,000 millones de dólares, y que inversionistas estadounidenses como los Clinton, estaban interesados en explotarlo y para eso necesitaban al pueblo Haitiano del otro lado de la Isla, en la parte Dominicana, obviamente, era mucho lo que se decía en función del acercamiento de fraternal intercambio, porque solían decir que los Estados Salvadores "no tenían amigos, sino intereses, que por eso se habían ampliados los visados a los Dominicanos, dejando de existir aquellas restricciones que estragaron y presionaron durante el siglo XX, y los Dominicanos habían empezados a recibir un mejor trato, bien podríamos decir, comenzaron a ser vistos como familia y no como los negritos que estorbaban, aunque por su condición xenofílica, el Dominicano siempre había amado al extranjero, principalmente a los Estados Salvadores y a sus ciudadanos, a pesar de las tentativas invasoras a la Republica Dominicana, durante los años 1916, y 1965.

Ahora había sido lo inverso el Dominicano había invadido pacíficamente a los estados Unidos con sus distintos métodos migratorios, facilitando finalmente una acogida pacifica, donde habían empezados a procrear y a sentar una considerable masa migratoria de la diáspora étnica.

Esa descendencia había empezado a posesionarse y a ser tolerado al grado que hasta los generales de la Isla caribeña lloraban como niños, cuando el departamento de justicia le cancelaba la visa, ya sea porque le tomaran en cuenta algún acto de corrupción, o desobediencia., esa cuota de castigo se otorgaban para que escarmentaran, tal como un padre buscaba corregir a a sus hijos desobedientes, por lo que la Republica Dominicana cada día estaba tan cerca de Norteamérica, como estaba Puerto Rico.

De manera que Republica Dominicana, en el caribe, se había vuelto el hijo amado de Los Estados Salvadores.

Entonces la descendencia Dominicana en tierra de Los Estados Salvadores, empezó a asimilar la cultura de la Metrópolis, sin la oposición que existió en el siglo XX, que los isleños creían que todo el que llegaba de Estados Unidos a la Isla, era un delincuente, sobre todo porque los confianzudos que llegaban al país, para desesperar a los que se habían quedado allá, solían rentar cadenas de Gold fil, para que creyeran que era oro para encubrir la verdad de como Vivian en estados Unidos, cuando el salario de la factoría solo le alcanzaba para pagar la renta, mientras los que trabajaban como narco traficantes que cargaban prendas originales empeoraban la creencia de la ignorancia y solían hacer como pedro por su casa, y principalmente por la democrática tolerancia, en Estados Unidos de aquellos caribeños, aprendieron lo malo y lo bueno, y se fueron enrolando en organizaciones Internacionales, que como la organización del mal, generaban maldades, y algunos quisieron ser maestros de la malicia, por lo que aquellos dejaron de ser tolerados en la gran Metrópolis, y fueron deportados para que llegaran a incrementar la delincuencia y la malicia, y la Republica Dominicana, dejó de ser la tierra de pacíficos e ingenuos parroquianos. Y se invadió de los maliciosos que habían sido deportados de suelo Estadunidense, sumándose a eso las malas costumbres y mentiras aprendidas en las redes sociales que sostenía el internet, lo que había agudizado las malicias y no encontrando otra manera que le facilitara hacer lo que hacían en Estados unidos, ya no sabían qué hacer e intentaron sembrar el terror, accionando de acuerdo al procedimiento de la cultura asimilada, que de hecho aterrorizaba a los Isleños.

EL PERIODISTA ENCUBIERTO

Frecuentemente en los distintos países de Latinoamérica, se generan sorprendentes acontecimientos, entre el ciudadano común y la policía , pero casi todos incomparables a los de la Republica Dominicana, resultó que en una ocasión un prestigioso periódico matutino de la nación había enviado a un periodista a quien llamaban por su fachada Ruperto el tuerto, la fuente se encontraba en la cárcel la victoria, se trataba de un reo a quien habían detenido por haber piropeado a la hija del teniente, precisamente por andar pidiendo que si " como caminaba cocinaba, que le guardara l concón" cuando en realidad lo que el teniente Abreu a quien Kan le había robado el carro, interpretó como un acoso, yo no sé por qué? Aquel desgraciado habló de concón y no de arroz, sobre todo si el sabía que carne había.

En vez de eso, lo que en realidad si tanto se impresiono al mirarla el pudo decir definitivamente, era "arroz que carne hay".

Bueno, pero sin más preámbulos, continuemos en la aventura de hacerle saber lo acontecido, ya que Ruperto el tuerto se aproximó a la cárcel la victoria como un ciudadano común que había ido a ver al susodicho reo.

Esa tarde estaba de guardia el sargento Sabino, quien había exigido que Ruperto dejara en su posesión las plantas, que así le decían en ese entonces a los celulares y transmisores que el gobierno y los periódicos entregaban a los comisionados y a los reporteros, Ruperto el tuerto sin identificarse como periodista, optó por cumplir el requerimiento, y se fue como un ciudadano común a visitar al reo, como si fuera su conocido, aprovechando el encuentro para entrevistar al reo, el cual en una persecución policial había atropellado a un transeúnte.

una hora después, al concluir la visita Ruperto el tuerto estaba de regreso, pero ya el sargento sabino quien había recibido los artefactos, había sido sustituido por Kan que en ese entonces ya estaba incorporado a la fuerza policial, Ruperto el tuerto le preguntó a Kan por sus artefactos, pero se generó una ceremonia dudosa donde los artefactos no habían podido ser ubicados, por lo que se acudió donde el coronel a fin de redefinir la posible incautación, cuando Ruperto le habló de los equipos, el coronel le dijo:

----- Coronel, estoy tratando de localizar dos plantas que a mi entrada dejé en retención . ---- Afirmó Ruperto.

El coronel le respondió con una especie de burla:

----- Esas chucherías a veces no aparecen----- Dijo el coronel.

----- Qué fue lo que escuché, coronel Mendes!.. ¿Que no aparecen?...

---- Exactamente, eso fue lo que entendí que dije.

---- Le tengo malas noticias coronel, yo soy periodista y esas plantas pertenecen al periódico lector diario, si por alguna razón no aparecen, mañana aparece usted en primera plana, con un titular que diciendo:

"El coronel Retrepo Méndez, director de prisión en la cárcel de la victoria, incauta a periodista artefactos de transmisión comunicacionales desde el lugar del hecho y se negó a devolverlo.

---- Oh, pero como es eso, señor, usted se está refiriendo a un celular y a un walkitoqui?.... Es que me estaban hablando de planta, y yo crei que se estaban refiriendo a una planta de marihuana , Kan, a lo que el se refería era a un Walkitoki y a un celular, y eso puede aparecer sin

Problema, verdad?----- Cuestionó el coronel.

---- Ya usted lo dijo coronel, su voz es como la de Dios--- Dijo Kan y en seguida sacaron los artefactos de donde los tenían escondidos, se los entregaron a Ruperto el tuerto, quien al recibirlos lo apretó con una fuerza brutal, salió apretando los dientes, decepcionado moviendo la cabeza y cuando se percató que se había alejado de la institución carcelaria, como para desahogarse dijo:

----- Coño, qué paisito este!

CAPITULO XXIV

ABERRANTE CONDICIO'N

''La mafia contextual,

no ha dejado de hostigar,

y hasta a mi propio abogado,

ha querido sobornar,

para que confunda la cifra

que está llamado a pagar,

y ahora aquel con mi cabeza,

ha pretendido jugar.

Malestares neurológicos que definen lo más lógico.

Sonrisa de siempre, que te haces sentir que tú eres la esencia que induce al vivir. Ternura del tiempo que te haces sentir, la gracia por dentro, huellas del camino que muestran la marca hacia tu destino.

Tierra que jamás antes habían podido mirar, era la sortija del gran despertar que haría de la gloria, grato despertar.

Verdor clorofílico de arboleda ardiente, de bosques tupidos.. Brisa de emoción que viene del este soplando hacia oriente.

Ternura naciente de rayos del sol, que brillan por siempre.

Égloga del tiempo que enfocan por dentro, todo lo que encuentro.

Fusta del corcel que lo deja listo para recorrer.

Jinete que monta todo el esplendor, de la tierna rosa que muestra el amor,

Cabalgan el tiempo de grato momento, que acarrea el amor, sobre la ilusión

Que feliz me siento, la tierna alegría la traigo por dentro.

Toda la riqueza sonríe a la pobreza, para hacer de ella su delicadeza.

Gracias doy a Dios, por toda la gloria que siempre otorgó

Por la gran salud y la juventud, por el respirar que me hace soñar.

Por el temporal que debo afrontar, por la grata gracia que me ha de llegar.

Gracia del momento que acarrea el amor de ingrato dolor

Se muestran acciones de tierna ilusiones en las estaciones que muestran dolores.

Sentir del nacer que instruye a las almas de grato poder.

Hoy estoy convencido que cuando Dios toca, la vida se enfoca.

Grato y bendecido se vuelve el camino, y en la trayectoria forjo mi destino.

WASHINGTON HEIGHTS, LOS JUDIOS, EL HOMBRE DE DIOS, Y LAS MURMURACIONES.

Los judíos son una colectividad, étnico religiosas descendientes del pueblo hebreo y de los antiguos Israelitas, tiene su origen en Abraham, proveniente de Ur, y primer patriarca a quien se le reveló el Dios Jehová, y quien lo adoptó como su pueblo.

Los judíos eran habitantes de Judea, la región que fue atribuida a la tribu de Judá .después, las doce tribus se habían establecido en la ciudad de Rameses de donde habían regresado según la historiografía, durante el reinado de Ramsés II, por allá por la fecha de 1250 a. de C.

A lo largo de su relación con Dios, han atravesado por altas y bajas, pero con un mayor fortalecimiento a través de las experiencias experimentadas.'

Durante esos tiempos remotos en que los hombres del mundo mostraban su poder desde la consulta con los dioses, y cuando aún imperaba el politeísmo (adoración a muchos dioses, en la tierra, el Dios Jehová, sustentante de la religión monoteísta (adoración a un solo Dios) había colectado desde el desierto y los pueblos del medio oriente, a los integrantes de lo que hoy se conoce como la diáspora judía, y lo hizo su pueblo.

Aquellos habían sido concebidos como la base inicial de la religión monoteísta por lo que se había instruido a Abraham, que había sido elegido por Dios, para ser el patriarca de la nación de Israel, y para todas las naciones de la tierra.

Durante los tiempos en que Abraham ejerció el llamado de Dios, se definió a la familia como base de la sociedad y la tierra como asiento de la gran familia.

Los judíos, como las de más, naciones de la tierra se habían concentrados en las tareas de sus asignaciones, donde cada cual perseguía expandir su poderío, obviamente, el pueblo Judío se distinguía por su alta protección, pero debido a los requerimientos de Dios, aquellos se habían tornados desobedientes, y Dios duró un tiempo en que dejó de comunicarse con ellos, pero Dios siempre tenía pendiente protegerlos, he incluso muestra la historia de José, a quien sus propios hermanos venden como esclavo, es decir, lo que parece un mal, es bien, porque aquel que al revelar los secretos que encerraba el sueño de las siete vacas flacas y las siete vacas gordas, se hace favorito antes los ojos del faraón y alcanza la posición de gobernador de Egipto, que de alguna forma contribuye a mejorar la condición de su gente, durante los años de hambruna.

Entonces aconteció que a través del tiempo se erigió un Faraón que no conocía a José, y se vio precisado inducido a colectar manos de obra baratas para sus planes de construcción por lo que condujo un remanente de 120,000 judíos cautivos y después de esclavizarlo los obligó a construir la ciudades de Pitóm y Ramsés.

Todo esto aconteció, en el siglo III antes de Cristo, todo lo de más, lo explica la biblia con claridad.

Es decir el pueblo Judío ha atravesado por las grandes vicisitudes existenciales, comenzando con los 400 cientos años de cautiverio en Egipto, donde según Génesis, libro del Judaísmo, las doce tribus se habían establecidos en la ciudad de Ramsés, de donde habían partido a la hora del Éxodos, después de que Dios, escoge a Moisés para liberarlos.

A lo largo de su existencia habían atravesados por tanto sufrimientos que generó gran dolor, que a su vez los indujo a experimentar un trauma generacional, que descolló a su vez en tornarlos tan herméticos, que muchas veces tomaban pormenorizados cuidado de todo aquello que ellos supusieran que podían tornarse en una amenaza a su sobrevivencia, por lo que muchas veces, perseguían a quienes no debían, olvidando que ellos habían sido perseguidos y que por encima de ellos estaba Dios.

En ese entonces existía un hombre de Dios que se movía en los alrededores, cuando los judíos se enteraron de él, se sintieron algo inquieto por saber sobre sus condiciones, supieron que la ciudad le había violado sus derechos y aprovecharon para probarlo bloqueándole cualquier beneficio que por concepto de sus reclamaciones hiciera este, si era una reclamación pagable si algún abogado de su etnia lo representaba le daban una parte y retenían la otra, lo hacían en silencio y mintiéndole de manera que el hombre de Dios no se enterara.

Gran parte de las reclamaciones que el hombre de Dios hacía, se la disfrazaban de forma truculenta a través de manipulaciones y mentiras como había ocurrido con el abogado Roberto Lobo que usando sus tretas de abogado con cuarenta y dos años de ejercicio en la ciudad

Y quien había pasado a su control los casos del hombre de Dios que habían abandonados los abogados de su etnia, lo había cobrado en silencio sin decirle nada al hombre de Dios, luego fingió decir la verdad y luego que le firmó el papel para guardar el dinero se rieron y se burlaron de el, mientras decían que ya no le quedaba más dinero aunque el hombre de Dios ignoraba si aquel lo había hecho con anuencia del gobierno o esperando que el hombre de Dios envejeciera.

"No hay una justiciera garantía, cuando la economía de un hombre, depende de la voluntad de la maldad de otros hombres

Y en verdad, debido a las influencias que aquellos tenían en los gobiernos de la ciudad, aquellos afectaban o favorecían al que ellos querían.

Como el hombre de Dios no era de esos hombres que se sometían antojadizamente a la voluntad del hombre, porque era gobernado por el espíritu, aquello no era del agrado de los judíos, por lo que aquellos de la misma manera que habían perseguido a Jesús el cristo, de esa misma forma habían diseñado un plan de persecución para el hombre de Dios, intentando desacreditarlo vendiéndolo como violento para descalificarlo antes la opinión pública, para tildarlo de revoltoso, por eso solían enviar cada cierto tiempo personas que lo provocaran o le obstruyeran su negocio, para ver su reacción y generar las razones para ellos retenerle los recursos económicos bajo el pretexto de que el hombre de Dios era conflictivo, y persona no grata, debido a sus influencias por más de tres ocasiones le habían negado la ciudadanía estadounidense para justificar la retención de sus recursos y cuando se la aprobaron le retuvieron el certificado para que no pudiera sacar su pasaporte y viajar, a fin de mantenerlo como un pájaro en jaula de oro.

Buscando manipular la verdadera historia de la vida de aquel, debido a que el hombre de Dios era guiado por el espíritu y traía su propia asignación desde el plano sublime, pero los Judíos intentaban someterlo a los caprichos de ellos, pero el hombre de Dios, se lo imposibilitaba, por lo que intentaban fabricarle otra historia acomodada a la conveniencia de ellos, tal y como lo hicieron con Jesucristo.

El hombre de Dios solía acudir a un almacén de comestibles a transportarle la compra a los miembros del club de ese lugar y ocurrio que una mujer había solicitado los servicios de aquel y mientras se desplazaban la mujer lo atacaba diciendo que si era si su carro estaba dañado o si era que él no sabía conducir, el caso era que la mujer había sido enviada con el propósito de sacarlo de su casilla, pero el hombre de Dios que sabía lo que estaba sucediendo no le respondía hasta llegar a la dirección acordada, allí lo esperaba un hombre dentro de un vehículo y aprovechando que el hombre de Dios había salido del carro para ir a la parte de atrás del vehículo donde él había acarreado la compra, para ayudarla a sacar sus provisiones, el hombre que estaba dentro del carro, lo movió sigilosamente hasta aproximarlo al carro del hombre de Dios, para iniciar una diatriba y un falso reclamo.

El hombre contratado para el trabajo sucio, era un dominicano que también andaba combinada con la mujer, ambos eran fanáticos de una secta que buscaba molestar al hombre de Dios, por lo que al salir del carro el hombre ya estaba programado para el uso de las bajas palabras que usaría, así pues, alarmado empezó a provocar al hombre de Dios y decía:

---- Que pasa contigo? Es que acaso eres ciego y no ves con los malditos ojos, mira lo que has hecho, casi me choca el carro---- Dijo el sectario.

El hombre de Dios, con toda su paciencia le pidiéndole excusa le dijo:

--- Oh, discúlpeme, lo siento mucho.

--- De que excusa tú me hablas, con un lo siento tu crees que vas a solucionar algo, tú no eres más que un hijo de la gran puta.—Dijo.

Muchas gracias--- le respondió el hombre de Dios, entendiendo las antes las pretensiones de aquel tóxico ingrato.

El sectario siguió imbuido en sus provocaciones y continuaba alarmado dando voces a lo ancho y largo del lugar y pateo el vehículo del hombre de Dios, como si fuera un loco, y el hombre de Dios que vio lo que hizo le dijo:

Que Dios te bendigas.

--- Que Dios me bendiga? ---- Sería bueno caerte a trompadas. --- Afirmó.

El hombre de Dios, lo miró fijamente y le advirtió:

--- Eso no te lo recomiendo, porque si tú haces eso, Dios te vas a matar.

El sectario afirmó sorprendido:

--- ¡Que... Dios me vas a Matar!

--- Si, tan solo por intentarlo, Dios te vas a matar.--- Respondió el hombre de Dios.

Al escucharlo el sectario guardó silencio se montó en su vehículo y se fue, pero resultó que a los tres bloques recorrido el sectario se detuvo en un letrero de pare sin intensión de moverse, detrás de él, se formó un tapón mientras lo presionaban con toques de bocinas, el conductor del carro que iba detrás de él, se encaminó a la puerta del lado del chofer, y se percató de que el sectario estaba muerto, tenía la cabeza sobre la rueda del guía, al instante había sufrido un infarto fulminante, llamaron al 911 y al momento la escena se había llenado de carros de policía, y ambulancias de los bomberos.

Daba la impresión de que el espíritu del mal, intentaba dificultar la condición existencial del hombre de Dios pues, la siguiente noche soñó que la serpiente se le había aparecido sumamente enojada y lo atacó, pero un salto que él, realizó evitó que ella lograra acertar su mordida.

Dos días después volvió al almacén de comestibles y encontró a un desquiciado que solía hacer burlas que al verlo llegar también había comenzado a provocarlo, el desquiciado le dijo:

--- Yo creo que el hombre de Dios, está enamorado de mí, pero yo podría corresponderlo si el me da uno de los millones que algún dia recibirá.---- Dijo.

Como no era la primera vez, que él le faltaba el respeto, el hombre de Dios le respondió:

--- Tú no recapacitas, por andar de burlón, mataron a tu hermano, y por tu condición de burlón, mataste a tu madre del corazón.---- Dijo el hombre de Dios.

El desquiciado corrió y un puñetazo le dio, por lo que el hombre de Dios, la policía le llamó, la policía recurrió, y al mismo tiempo a los dos, los grilletes les plantó, siete horas lo tuvieron, un guarante le salió, por tiques que en el pasado la policía le escribió, lo pago en el moro vehículo y a la corte no acudió, y a un juez él tuvo que ver y una policía encargada a la corte lo llevó, y el juez lo desvinculó del guarante que salió. Luego supo algo del otro que por la violencia oculta a la corte lo mandó, y aquel de un día se olvidó y un guarante se formó el desquiciado perdió, y tres semana en prisión un juez también le cantó, ese fue el precio pagado que al desquiciado cobró,

Por el servicio dudoso que la mafia contextual, le había asignado de chota, para que nunca jamás intentara abrir la boca.

En torno al desquiciado, después de haber golpeado al hombre de Dios algo extraño le pasó, había vuelto al almacén de provisiones y había ido a llevar a una mujer y a su hijo, pero parece que él había tratado con la mujer, por un precio de 35 dólares pero la mujer había entendido veinticinco, entonces al llegar a su destino la mujer le pagó lo que entendió, y al ver que la mujer le pagó veinticinco se enojó e insultó y dijo improperios, que condujeron a que el hijo de la mujer tratara de intervenir, el desquiciado lo empujó, y montando en su guagua asumió que se fugó, un amigo del muchacho que lo vio en su moto lo siguió, el desquiciado aceleró y una luz roja rebasó, un policía que lo vio, su patrulla aceleró y tras del desquiciado corrió. A dos bloque lo paró, el motorista informó que el desquiciado a su amigo le agredió, los grilletes le instaló y a la corte regresó, el desquiciado sufrió, tres semanas en la cárcel y un año de probatoria por violento se ganó.

Oh, ya estaba olvidando las razones que habían llevado a los judíos a ser Vecinos de los Dominicanos en Nueva York, principalmente en Washington Heights, pues a pesar de las diferencias culturales, sobreviven entre manipulación y murmuración.

Antes de abundar en aquella relación entre dueños e inquilinos de los edificios del sector, le diré que los judíos, aquellos que alguna vez, instigaron para la crucifixión de Jesucristo, y que unos siglos después se vieron precisados a afrontar el Karma de los pueblos, en una persecución tan drástica, que la bestia de aquel entonces encarnada en el cuerpo del dictador Alemán, Adolfo Hitler, había parapetado durante el siglo XX, entre los años 1933 y 1945, había perseguidos y asesinados aproximadamente unos seis millones de Judíos y a cuya acción se le nominó el Holocausto, por lo que aquellos atravesaron un drástico periodo de sufrimiento y dolor, donde se dice que muchos Judíos habían sido hecho jabones ¡Que, cruel, crueldad!

Con razón, el mundo moderno habia cualificado tales vejámenes como crimen de lesa humanidad.

como pueblo disperso por todo el mundo, habían llegados a América en las peores circunstancias, pero dicen que a grandes sufrimientos, mayores bendiciones, durante su dispersión obviamente llegaron a América en las peores circunstancias de su existencia.

Pero se dice que cuanto mayor es el sufrimiento, más grande es la bendición pues aquellos después de las odiseas, lograron ser perdonados y reivindicados en la causa del oro, y Dios los bendijo y por donde quiera que se movían, crecía su patrimonio y se expandía sus opulencias, pero todos los que conocemos la ciencia del espíritu, sabemos que a Dios, no le gustan las injusticias, y cuando él otorga riquezas, es para reivindicar y bendecir, no para castigar, manipular. ni oprimir.

Aquellos que no entienden este propósito, pueden ser desenfocados, obviamente, el hombre se desenfoca, y si quien lo posee es inconsciente, induce a que el hombre se desvié de sus propósitos y hubo un momento en que ellos se creyeron Dioses encarnados y los Dominicanos se habían sometidos a lo que ellos dispusieran y muchos fueron administradores y súper intendentes que cuando tenían que violar la ley para satisfacerlos a ellos, lo hacían sin contemplación, sobre todo cuando en el litigio había envuelto otro Dominicano.

Pero para no cansarle la historia, para muchos no es un secreto, que durante el Holocausto, los judíos habían agotado un periodo en la

Republica Dominicana, principalmente, en puerto plata, tiempo de la dictadura de Trujillo, lo que le había facilitado tolerar en Nueva York a los dominicanos.

Como están llamado a saber gran parte de los lectores, Washington Heights, es un sector en la parte Norte del condado de Manhattan en la ciudad de New york, habitado por un gran número de hispáno, específicamente dominicanos de esos que jamás abandonan el estilo idiosincrático de su cotidianidad.

Se le otorgó el nombre de Washington Heights a este sector, en honor a la edificación de Fort Washington construido en la altura natural de ese punto en el alto Manhattan por las tropas de la Armada continental, para defender el área de las fuerzas Británicas, durante la guerra revolucionaria Americana, pero antes de abundar sobre la temática, veamos cómo se expresan los dominicanos de aquel sector:

En una ocasión en que me desplazaba en Nueva York, por el sector nominado Washington Heiths, sin pretender oir, mis oídos fueron finos y escucharon el delirio en lenguas de los vecinos, y le decía Doña Tomasa, a su homóloga Jacinta, que ya no querían confiar, ni en los arados de arar, y hablando a lo natural sin ánimo de chismear, con la cabeza enrolada, impedían surcar el agua, cargando la tuberías que el agua transportaría a todo el que allí, vivía.

Y aquellas damas de barrio cogían un tema y soltaban otro, el caso era que la condición servilita del dominicano frente al judío, estaba tan afianzada que el judío decía rana y el dominicano saltaba, de forma tal que si un dominicano era administrador de alguno de sus edificios, y un inquilino estaba atravesando dificultades para pagar la renta y el propietario intentaba desalojarlo, pero no lo hacía porque el inquilino vivía por cuarenta años en el apartamento y legalmente iban a tener dificultades para lograr su propósito, pero que anhelaban lograrlo de cualquier modo, porque el apartamento estaba en renta controlada y tenía tres habitaciones que a ellos le interesaba para convertirlo en dos apartamentos uno de dos habitaciones y el otro de una, para así rentarlo más caro, entonces solicitaban al dominicano hacer el trabajo sucio, aunque para ello tuvieran que violar las leyes logrando este como administrador entrar al apartamento bajo el pretexto de que va a chequear los detectores de humo aprovechando para buscar la forma de realizar la operación de involucrar al inquilino en un acto ilegal, siendo inocente y le planta una media libra de sustancias controladas en el apartamento, luego llama a la policía de forma anónima, asegurando que en X apartamento en tal lugar se ocultaba un kilo de cocaína, decía, para exagerar y hacer que la policía se interese en conseguir una orden de cateo y lograr entrar, pero en vez de encontrar un kilo, encuentran media libra y lo arrestan porque presumen que el inquilino es un narco traficante y como el inquilino vive solo, cae preso y no hay quien pague la renta, y ellos se apoderan legalmente del apartamento y el inquilino automáticamente lo pierde.

El administrador recibe diez mil dólares que le estaban ofreciendo al inquilino que se negaba a salir, más cinco mil de comisión por el dudoso servicio ofrecido a su patrón:

A la semana sueltan al inquilino porque resulto ser, que lo que encontraron no era cocaína, sino, bicarbonato de sodio con talco, como no tiene donde quedarse lo mandan a un chárter a agotar una temporada para ver si la ciudad lo reubica, habla con un abogado judío para demandar a la ciudad, pero luego que inician el procedimiento, descubren que él está en un chárter con cupones de alimentos y seguro médico como el medícate, y la demanda se cae porque la ciudad lo está manteniendo

"Que no vuelva a repetirse lo que le hicieron a Mon, el perdió su apartamento por andar de dormilón, ya en nadie puede confiarse, ni en el administrador, cuando tu menos lo esperas, te otorgan una traición, todo es raro en Nueva york."

Es que Nueva York, siempre ha sido una ciudad de oportunidades, donde todos se aprovechan para hacer barbaridades.

La teoría del poder tener se refería a que cuando un muchacho alcanzaba los diez y ocho años los padres les decían: "Haz dinero, y si no puede hacer dinero, de todos modos, haz dinero, por eso se creía que en en el año 1970, siendo aún el siglo XX, cuando los judíos en Nueva York, mandaban a quemar los apartamentos, para cobrar el seguro, y después de la pandemia, Nueva York fue testigo del caos mas grande de su historia, volvió a aparecer la violencia callejera y la delincuencia, se producían con frecuencia accidentes fraudulentos, patrocinados muchas veces por funcionarios gubernamentales combinados con la empleomanía de las compañías aseguradoras,

Viendo tales ejemplos, a algunos pensadores de los que han pretendidos ser honestos, se les venia haciendo dificultoso, porque para no verse tentado se requería estar aislado;

En fin, es mejor fiarse de Dios, que andar confiando en los hombres, porque si tú eres distinto, los que no te aceptan asi, buscan crearte dificultades, para que también tú, seas como ellos. Y si tú no lo aceptas sueltan el veneno de su envidia, pretenden golpearte para que tú te defiendas para llevarte a la cárcel, es necesario ser cauto.

Y es que uno de los artificios de la religión, es que el nombre de Dios, te induces a perdonar las maldades de los malvados.

Después de todo, no hay que echarse el mundo encima, todo lo que se amerita el espíritu lo dicta y la paz que haz de encontrar el corazón la dará.

Entonces los vecinos que habían logrado enterarse comenzaban a pensar que el pueblo de Dios había empezado a perder la piedad, por lo que intentaban controlarlo todo, incluyendo hasta la esperanza de los demás.

En realidad, ha habido una confusión, porque Dios, siempre ha sido justo, y no un libertino ni abusador.

Después el desalojado que había salido en probatoria, veía al dominicano servilita, como a un capataz de patio o como un ogro exterminador, y sin intentar vengarse porque al estar en probatoria no podía intentar vengarse ya que no quería regresar a la cárcel.

Todo aquellos juegos sucios eran cosas del pasado, y era porque en ese entonces algunos dominicanos, en su afán de sobrevivencia, solían recurrir a realizar tales trabajo sucios y por por unos cuantos dólares, empeñaban a sus padres, y vendían a sus compadres.

Luego cuando el desalojado volvía a la oficina del propietario del edificio y accidentalmente se encontraba de frente con el dueño del edificio, buscando evadir la culpa y el cargo de conciencia, el dueño le decía:

---- ¿Qué pasó, por qué no hablaste conmigo antes que te desalojaran?

Entonces el inquilino lo miraba y no le respondía porque él entendía que tal comentario era una burla adornada de cinismo, que producían decepción, pero también él sabía que de todo había en la viña del señor y que injusticias más graves, se generaban en Nueva York.

Si el dominicano testaferro violentaba la ley, el judío como poder detrás del trono, lo ignoraba todo, ellos no se ensuciaban las manos con nimiedades, ellos tenían quienes se las ensuciaran por ellos.

Todo lo acontecido no estaba siendo del agrado de Dios, por lo que el reafirmó:

Y Dios indujo a Hamas a provocar a su pueblo, en interés de darle una lección, porque veía Dios que lo que él había determinado arriba, estaba siendo negado y corrompido abajo. Y una vez más reiteró:

----- "Aunque se crean elegidos, también tendrán su castigo."

Entonces empujó Dios el corazón de Hamas, para que provocara a su pueblo, y Hamas al segundo día había interrumpido la paz, y había atacado a Israel, tomándolo desprevenido, Dios quería recordarle a su pueblo que no era la primera vez, que ellos lo desobedecían, y que él seguía siendo el Dios creador y que nadie podía obstruir las decisiones tomada por él.

El mundo estaba en un proceso de transformación, y ya no bastaba rezar, se ameritaba de la buena intención en el accionar. Por eso la opinión pública solía cuestionarse que cómo pudo Israel ser sorprendido por Hamas, siendo uno de los países mejor equipado para la guerra?

Pero la verdad era que Dios había permitido que Hamas los sorprendiera, para que se fijaran en el espíritu, y que esa generación entendiera que él era el Dios de sus ancestros y que lo que había acontecido no fue por negligencia de Israel, sino por disposición de él., porque Dios seguía siendo el mismo, con toda la ameritada sabiduría para discernir con justicia en sus disposiciones aunque para el humano en su ignorancia, parezca injusto.

Él pensaba que su pueblo se había vuelto egocentrista y estaban rindiendo más honor a la materia que al espíritu, usando el dinero para injusticias sociales.

Si, parecía que el pueblo de Dios, estaba perdiendo la piedad, pero en hebreo y arameo, en ambas lenguas Dios prescribió, que jamás debía perderse la piedad, y a Palestina y sus soldados, habían sido liberados y otro fabuloso estado Dios le tenía confirmado.

Impulsó un tratado de Paz, Palestina se escindió como estado y el mundo lo reconoció, la misma naturaleza ejerció una trasformación en ambas poblaciones, llegando aquellos a ser, hermanos consagrados como pruebas de que la violencia no era el mejor canal de la conciencia. Para que así la nueva generación entendiera que Dios siempre ha sido y será, el amor y la comprensión.

Eran muchas las murmuraciones del vecindario, y se decía que un alto número de gente buena en la ciudad de Nueva York había sido corrompida por el dinero, sin disimular decían que la mafia contextual los tenia a todos comprados, y decían que los judíos habían corrompidos a los mecánicos dominicanos de la ciudad de Nueva york, para que supuestamente les hicieran sabotajes, a los vehículos de las personas que se presentaran a solicitar servicio de mecánica, si se percataban que los dueños de tales vehículos no respondían a los intereses de ellos, o no estaban alineados con sus ideologías, y murmuraban que por eso muchos pecadores se refugiaban en las iglesias, para andar a Dios rogando, y con el mazo dando.

---- Ay, pero que yo estoy mirando? …. ¿Es la comadre Jacinta?---- Dijo Tomasa.

----- Pero comadre Tomasa, no mira usted que soy yo?---- Respondió Jacinta.

---- Sino lo supiera yo, pediría perdón a Dios.---- Agregó Tomasa.

------ Amen hija, ahora andan calumniando a los judíos, a quienes no se les llama ángeles, porque le faltan las alas---- Dijo Jacinta.

---- Ay hija, a los lenguas largas no hay que hacerles caso, siempre andan detrás del pretexto para justificar su causa sin fundamento.---- Agregó Tomasa.

Por qué serás que la gente no puedes permanecer callada, mira de quienes hablan, de los Judíos que ayudan tanto, que malo es ser envidioso, es que sus detractores no aceptan que ellos sean el pueblo de Dios, y ni que sean los dueños de nueva york---- Expresó Jacinta

---- Ay la gente ¡cómo ha cambiado el mundo ¡cuántos enfermos andan sin control en Nueva York!---Respondió Tomasa

---- Así es, hija, dímelo a mí…. Ahora tengo que irme, seguimos hablando después.---- Dijo Jacinta despidiéndose, mientras intercambiaba un beso en la mejilla con Tomasa, retirándose al instante.

----Que te vayas bien mi amor.----- Agregó Tomasa.

---- A ti También, querida, adiós.---- Expresó Jacinta.

Al retirarse Jacinta, apareció Guadalupe la mejicana sorprendiendo a Tomasa:

---- ¡Hola mi amor, como estas? ... Tú sí que está cuero, los años no te pasan por encima!----- Afirmó la mejicana,

---- Gracias mi amor, tus cumplidos no me ofenden, porque en mi vida solo he tenido un solo hombre, y fue que nos conocimos, nos enamoramos y estuvimos casados, por treinta años, hasta que enviudé.--- Dijo la dominicana Tomasa.

---- No te me irrites mujer, dime que tan mal me expresé, que a tu espíritu irrité?---- Cuestionó, Guadalupe la mejicana.

---- ¡Me llamaste cuero!---- Afirmó Tomasa, la dominicana.

----- ¿Y cómo es eso?... ¡Tú eres la única mujer que se ofende cuando le dicen bonita!

¿Bonita?... Al decirme cuero me llamaste prostituta.---- Afirmó Tomasa.

---- Oh, perdóname, es que la palabra cuero en Méjico significa bonita, lo que hay es un mal entendido. Expresó Guadalupe.

---- Sí, eso es, porque en República Dominicana, un cuero es una prostituta.---- Dijo Tomasa.

----- Ay coño, si es así, perdóname, que todo es asunto de regionalismo.----- Dijo Guadalupe al tiempo que se abrazaban y se alejaron del lugar riéndose a carcajadas.

CAPITULO XXV

Con Dios Patria y libertad, nada se debía dudar

Los dominicanos ya no quieren más,

con esta amistad con la haitianidad,

ya no comen "tajo" y están enojados.

LOS TIMADORES:

Pero ya que estamos hablando como los locos, permítanme hacerle un comentario sobre los Isleños de la República Dominicana, donde en ese entonces gobernaba la dictadura morada, y había un radical y sorprendente irrespeto a la población, que solo en las urnas se pudo arreglar, porque la corrupción era tan grande, que llegó a compararse con una enfermedad pandémica que ameritaba ser tratada de emergencia.

En realidad, la democracia que permite los excesos, es una anarquía , la anarquía genera el caos y el desorden, la sabiduría es el motor de la inteligencia, asi, que es mejor no invocar el maleficio para que no sufran el suplicio, porque la malicia, nunca superara, a la sabiduría.

Inclusive se dieron caso de senadores que habían nombrados sus empleadas domésticas en el gobierno sin que ellas lo supieran, y los salarios eran cobrados por ellos, hubo una que se sintió en necesidad de acudir al hospital de emergencia y cuando revisaron si tenía algún tipo de seguro, apareció como empleada del senado con un seguro gubernamental, y cuando fue a reclamarle al senador aquel le dijo, bueno pero yo lo que te pedí fueron tus papeles de identificación personal, tu cédula, no tu alma ni tu espíritu, si no está de acuerdo, yo te los devuelvo.,

"Yo a ella la miraba y me sonreía,

me sentía contento, con tanta alegría,

por su hermoso swin, asi le decía:

Bombita cache, piche, bombita cache, piche".

Estaba claramente definido, la mayoría de los funcionarios Dominicanos carecían de vocación de servicios, y era que en ese entonces todos los que se enganchaban a político no lo hacían con la intención de servir a su patria, sino con el interés de escalar para enriquecerse con el dinero del pueblo, saqueando al erario público.

Como hemos podido ver, tales funcionarios carecían de vergüenza, y del sentido de la justicia a todos los niveles, principalmente cuando los hacedores de la ley, eran los primeros en violarlas, automáticamente el país se había convertido en la jungla de los macos, las cacatas, y otras cuantas garrapatas, el panorama se había tornado en un sálvese quien pueda.

Nunca habré de arrepentirme de emular a Miguel de Cervantes Saavedra, quien fue acertado en poner en boca del caballero andante Don quijote: "Querido Sancho; compruebo con pesar cómo los palacios son ocupados por gañanes y las chozas por sabios, nunca fui defensor de reyes, pero peores son aquellos que engañan al pueblo con trucos y mientras prometiendo lo que saben que nunca les darán.

País este amado Sancho que destronan Reyes y coronan a pirañas pensando que el oro del Rey será repartido entre el pueblo, sin saber que los pirañas sólo reparten entre pirañas."

En todos los tiempos, del desarrollo de la humanidad, han existidos los malandros, han pasados milenios en que la acertadas definición de los pirañas fue mostradas, más no ha variado la conducta de aquellos, sembrando la impresión de que al momento de la creación habían sido diseñados para el robo, la demagogia y la decepción.

No obstante, nada es casual pero todo tiene una razón, el germen del latrocinio se había generado en la Isla, desde la llegada de Colón con la propuesta del intercambio de espejos por oro, aun sabiendo la ignorancia de los anfitriones, o de los aborígenes, y como dice el aforismo: "mal de todos, consuelo de bobos".

En cualquier circunstancia, la descendencia ancestral de lo que es hoy la dominicanidad, eran como niños re-educados en el esplendor y la inconciencia del predador

CAPITULO XXVI

Haití Estado Isleño

Después que el mestizaje y el mulataje ganaron terreno y empezaron a accionar en función de lo que habían asimilados de sus gerentes, también empezaron a hacer, lo que ellos consideraban que era correcto.

Sin embargo veamos de qué manera Haití resurge como un estado dentro de la isla:

La invasión de Francia a España tuvo lugar en 1807, cuando ingresaron a la Península Ibérica y la guerra de independencia fue un conflicto bélico desarrollado entre Mayo 1808 y 1814 las tropas de Napoleón ingresaron a la Península Ibérica, inicialmente España era aliado de Francia, y Napoleón, quien buscó cooperación de España en la invasión de Portugal, La monarquía Española cooperó debido al bloqueo Británico de Buenos Aires, y porque esperaban asegurar el sur de Portugal para sí misma, no obstante, Napoleón traicionó a España y las tropas Francesas se trasladaron a territorio Español.

Lo que generó la imposición de su hermano José Bonaparte como reemplazante del rey Fernando séptimo, quien posteriormente sería enviado prisionero a Francia.

Napoleón había enviado un contingente de 118,000 soldados a España con el propósito de asegurar su gobierno y pretendiendo hacer de España parte de su imperio, pensando que serían bienvenidos.

A pesar de que el rey Borbón Fernando VII se había convertido en rey de España, posteriormente fue expulsado por Napoleón, y lo mantuvieron encarcelado en Francia provocando una crisis que repercutió en el imperio Español.

La eliminación del rey legítimo socavó los cimientos del sistema monárquico, repercutiendo en todo el mundo hispánico, finalmente aceptaron a Napoleón como el nuevo monarca, sin que hubiera una fuerte resistencia a los franceses por parte de los altos mandos de los litares Españoles.

Ya desde 1805 se venía haciendo más difícil para España atravesar el Atlántico y entre 1806 y 1607, Gran Bretaña intentó tomar el puerto que España tenía en Buenos Aires.

Entonces se generaron negociaciones, que condujeron a Gran Bretaña a unirse a España para desalojar a los franceses del camino que obstruían.

Por eso en el 2 de mayo de 1808 los Madrileños se rebelaron contra la ocupación Francesa, sin ningún éxito en el intento, muchos fueron sometidos y otros asesinados.

Todo lo acontecido había dado pie a que las estructuras gubernamentales centrales y provinciales, se rompieran.

Las juntas regionales y descentralizadas que se negaron a reconocer la legitimidad de la dinastía Bonaparte tomaron el poder insistiendo en que durante la ausencia del rey, el poder volvía a las provincias, estableciendo un modelo que después sería aplicado a Hispanoamérica.

cuando España con la ayuda de Gran Bretaña, se había impuesto sobre los franceses en la batalla del puente Triana, más así, la heroica participación de Sevilla en este juego de tronos, la hizo merecedora del título de "Muy Heroica", otorgado por Fernando VII, esta derrota a las tropas Napoleónica en su carrera de su guerra global, hubo grandes fricciones por sostener el poder entre las naciones Europeas.

Pero es bueno señalar que nuevamente entre 1812 la reconquista de los territorios aparentemente arrebatados de las manos españolas, nuevamente se habían recuperados, pero para el inicio de fuertes luchas internas.

En 1813 Napoleón había permitido el regreso de Fernando VII a España, y en el 1814, pasa a retomar el poder, pero durante su ausencia las juntas formadas se habían consolidados y España Juntos con los representantes de América Latina formaron un parlamento y redactaron una constitución, creando un nuevo marco legal para la gobernabilidad, por lo que tal acción también se extendió hacia la América Latina, creándose nuevas estructuras en los territorios Españoles.

En 1815 el rey envía tropas para reestablecer el dominio Español en América.

Las tropas fueron enviadas bajo el mando de Pablo Morillo, el ejército de Morillo sitió la ciudad de Cartagena en los finales del año 1815 y aniquiló rápidamente a la oposición.

Pero habían pasado nueve años del regreso de España a Latinoamérica, y se agregaron líderes regionales dispuestos a luchar contra fuerzas realistas Españolas, hasta que ya para 1824, se logró el desprendimientos del yugo Español.

El primero de enero de 1804 Jean Jacques Dessalines bajo un proyecto de constitución dictatorial, que oficializaría en 1805 había declarado a Haití en una república libre a nombre del pueblo Haitiano, constituyéndose como su emperador, pasando a ser Haití la segunda nación Americana después de Estados Unidos en independizarse, Estados Unidos se había independizado de Gran Bretaña el 4 de julio de de 1776, había sido avalado por el segundo congreso para declarar la independencia de las 13 colonias de gran Bretaña.

A seguida procedieron a erradicar todo remanente de blancos existentes en su territorio.

En 1804 los franceses habían ocupado el Santo Domingo Español hasta 1808.

Visto el vejamen de los Franceses podríamos pensar que no habría comparación , con el descaro de Haití en ese entonces, cuando se habían aparecido el 9 de Febrero de 1822 con las tropas al mando de su presidente Jean – Pierre Boyer, entrando al territorio de Santo Domingo a fundar la República de Haití en toda la Isla Española, desde ese entonces el Santo Domingo español había pasado 22 años en mano del régimen Haitiano, hasta que se formó como república en el año 1844.Aunque la creencia de los invasores haitiano era que la Isla era una e indivisible, la división política de la Isla Hispaniola se debía a la lucha Europea por el control del nuevo mundo, por eso cuando Francia y España comenzaron a pelear por el control de la Isla, resolvieron su disputa en 1697 dividiendo la Isla en dos colonias.

"La luz y la oscuridad, renacieron en dos pueblos, que llegaron a sembrar la lucha de lo contrario.

Y aconteció, que lo que parecía brillantez y opulencia, se oscureció muchos años después en que se encontraran y convivieran forzosamente.

Todo estaba rodeado de alguna segunda intención, en la sociedad de las conspiraciones, sucumbía a gritos el reino de los conspiradores, la hipocresía les había podrido las encías, sus mentiras eran el veneno que los auto-eliminaba, el dulce les sabia amargo, y aun hoy, sus conciencias les revientan.

Y como Nerón quemó a Roma, así quería él ver aplastados a esos enemigos que intentaron aplastarlo, para que aprendieran que no se debía hacer a otro lo que no se quería que le hicieran a uno.

Sin embargo, en esos tiempos, la democracia era como una ficción que tan solo se escribía en un cartón, principalmente cuando los ciudadanos de algunas naciones, pensaban que tenían la libertad de robar, y ultrajar, a los que las riquezas estaban facultados a crear.

¡Que complicación tenía esa nación, todo lo que brilla causa resplandor, que podemos hacer, con tanta emoción, si usara cadena o anillo de oro, llega un asaltante y te roba el tesoro, estaban andando en Santo domingo, todos los haitianos, buscando camino, hacían el trabajo de los resentidos, ganaban el pan, sin gloria ni afán, los dominicanos ya no querían más, con esa amistad, con la haitianidad, ya no comían "tajos", y no era relajo, no querían sentir que aquellos haitianos fueran a sufrir pasando trabajo, no había protección para los de allá, mucho menos habría, pa' la haitianidad,

Las preñadas haitiana cruzaban fronteras a deliberar sus pitices prietos, que el Dominicano no quería aceptar, querían una marcha en la capital, para la invasión ir a disfrazar el dominicano no estaba de acuerdo, que le confundieran sus aguas y su tierra, ya no comían "tajo", seguían enojados.

Tanto fue así, que aun sabiendo que en el siglo veinte se vieron precisados a cruzar el masacre a pies, cuando Trujillo intentó fusilarlo a todos, en otro periodo del siglo XXI, sin mucho pensar habían intentado desviar el rio masacre hacia Haití, dejando a la República sin su fuente natural, pero debido a que el rio nacía en tierra Dominicana, su intento fue fallido y se vieron precisados a negociar con el país, el 2023 fue el año de la señal de que los dominicanos no se iban a dejar.

Todo se generó muchos años después en que un marinero gritara tierra sobre el mástil de la carabela, porque la llegada casual de esos aventureros cimentó la pauta de la fundación de los pueblos americanos, que se hicieron con la reunión de la diversidad, y entre ellos, aparecieron los que responderían a la oscuridad, y los que estarían frente a la luz para la demostración de la transformación.

No obstante no fue hasta el siglo XIX que Haití se independizó de Francia, bajo el lema "liberte ou la mort", donde los generales Haitianos se habían comprometido a luchar hasta la muerte, si era necesario contra el dominio Francés y el primero de Enero de 1804 el Haití Español, predecesor de la Republica Dominicana se independizó de España el primero de Diciembre de 1821, después de más de 300 años de dominio Español, la Isla del verdor alcanzaba el amor.

Todo lo expresado había dado pie a una base cultural evolutiva que daría pie al origen de la dominicanidad, por lo que los Dominicanos asumieron su origen evolutivo de una mezcla que lo haría blanco, moreno, cobrizo, cruzados bermejos, con el germen de los colonos Europeos de la capitanía, de los aborígenes o tainos, y de la inmigración Africana de negros ladinos y bozales introducido por España e Inglaterra.

Por eso suele decirse que de la totalidad de la población alrededor del 70 por ciento es de ascendencia mixta, africana y Europea española, con aproximadamente el 16 por ciento negro, y 14 por ciento blanco, y aunque la población indígena habían sido reducidas una cierta cantidad de ella formaban parte de la población

En el año 1822, el yugo haitiano se impuso sobre la Isla, y una series de penurias habían marcado al pueblo dominicano integrado por mestizo y mulatos con conciencia Española, no había una plena identidad cultural, lo que le impidió una definición de su condición para convertirse en el único pueblo negro que se desprecia a sí mismo, porque a pesar de ser mestizo y mulato, pensaba como blanco, porque a pesar de ser regido por España desde antes de su constitución tenían un cierto desprecio por los negros, por eso el trauma generado por la ocupación Haitiana, había agudizado su racismo entendiendo que los Haitianos eran muy poca cosa para dirigirlo a ellos, aunque ya Haití se había constituido como pueblo libre inspirado en la constitución Francesa.

Pero si podemos decir que los 22 años de gobierno Haitiano generaron un trauma de desprecio contra aquellos al grado de fomentarse la razón por la cual muchos gobernantes Dominicanos arremetieron más adelante con lo que fueron los remanentes del pueblo haitiano que insistían en permanecer en lo que hoy es la republica Dominicana.

Como habíamos dicho aconteció que el 9 de febrero de 1822, las tropas liderada por el presidente haitiano en ese entonces, Jean Pierre Boyer, invadieron a Santo Domingo, habían marchado hacia el este de la Isla y sin oposición fundaron la republica de Haití en la Española, todo con un ejército que no sobrepasaba los 12,000 hombres con el eslogan "una e indivisible".

1.	Todo había acontecido cuatro años después, en que Jean Pierre Boyer, había sustituido a petion el extinto presidente de Haití, y Boyer había sido proclamado presidente del sur de Haití, que unificó con el norte la rebelión que había suprimido el mandato del tirano Henri Christophe, es bueno clarificar que Haití estaba fraguando tales intentos, desde 1801, cuando las tropas de L'Overture cruzaron la frontera y capturaron y ocuparon fácilmente la ciudad de Santo Domingo, o mejor dicho, la colonia Española en aquel entonces que hoy se divide en dos naciones diferentes, vino a ser el objetivo principal.

Ante todo lo acontecido respecto a los 22 años de invasión Haitiana a Santo Domingo, no faltaron quienes intentaran quebrantar el yugo de los invasores, por lo que en el año 1821 un grupo de conspiradores intentaron un golpe de estado con la esperanza de disponer del apoyo armado que Bolívar les había garantizado:

CAPITULO XXVII

El que quiera dormir bien,

que no abuse del poder,

así no habrá de esconderse

y mucho menos temer.

GESTIO'N DE DOMINICANIDAD

En 1821 fue proclamada la independencia efímera por el prócer José Núñez de Cáceres, el propósito era derrocar al gobierno colonial e incorporar la parte Española a la República de Haití, este movimiento estaba integrado por pequeños comerciantes, mulatos, propietarios, y sectores importantes de los hateros.

Se conoció como independencia efímera al periodo de la historia de la Republica Dominicana que transcurre entre la proclamación del Estado Independiente del Haití Español el 1 de Diciembre de 1821 y su anexión a la Republica de Haití el 9 de febrero de 1822 debido a una ocupación del ejército haitiano.

Para noviembre de 1821 surge un nuevo movimiento en las zonas fronterizas con Haití, con el propósito de derrocar al capitán general

Que gobernaba Santo Domingo en nombre del Rey de España, y de

Incorporar la colonia española al territorio haitiano.

Durante ese periodo en que Haití ocupa a la Republica Dominicana, se intentó imponer el idioma Francés sobre el idioma Español, implementándose lo que los Dominicanos consideraron un régimen de brutal arbitrariedad,

Además, en ese entonces los militares cerraron la Universidad Santo Thomas de Aquino, conocida hoy como la Universidad Autónomo de Santo Domingo.

INDEPENDENCIA DE LA DEPENDENCIA

La independencia efímera fue encabezada por José Núñez de Cáceres, Manuel Carbajal, Andrés Amarante- Jean Pierre Boyer, Pascual real, Manuel Martínez y Pablo Ali.

Además, Las unidades del ejército Rebeldes Dominicanos y del ejército Haitiano, También las unidades del ejército real de la Española, y las fuerzas en combate.

La trinitaria fue una sociedad creada el 16 de julio en 1838 por Juan Pablo Y Duarte y otros dominicanos con el objetivo de realizar acciones tendentes a Independizar la parte Este de la Española de la ocupación haitiana y formar el Estado independiente que llamarían Republica Dominicana.

En verdad Duarte sentía la necesidad de liberar la nación dominicana del dominio extranjero y proclamar la independencia nacional.

Por lo tanto avanzaron con el golpe que lo condujo a controlar la junta Central gubernativa presidida por Tomas Bobadilla, que lo llevaría a sacar a los conservadores del poder, ya que intentaban convertir la naciente Republica Dominicana en un protectorado de Francia.

Tomas Bobadilla y Briones, nació en la ciudad de Neiba provincia Bahoruco en 30 de marzo de 1785, y murió en el 1871.

Sus padres fueron Vicente Bobadilla Amaral, y Gregoria Justina Briones.

Fue político y escritor, además de haber ocupado posiciones de alta jerarquía desde los tiempos de la España Boba, era amigo de Núñez de Cáceres por lo que también se había involucrado en el proyecto de Independencia efímera, en 1811 fue notario mayor del Arzobispo Valera, y escribano público, además de haber trabajado como primer oficial general del Estado, luego en el año 1830, había sido nombrado defensor público y notario de Santo Domingo en 1831

Félix María Ruiz participó como militante de los intereses de la gesta independentista los Trinitarios después de la proclama de la misma en 1844, este fue perseguido y declarado como traidor de la patria, por lo que fue encarcelado y expulsado del país junto con otros trinitarios.

Los trinitarios fueron integrados por nueve miembros, tales como Juan pablo Duarte de 25 años, Juan Isidro Pérez, de 29, Serra de 19, Pedro Alejandro Pina de 17, Benito González de 27, Félix María Ruiz de 23, Jacinto de la Concha de 19, Juan Nepomuceno de 25, y Felipe Alfau de 20.

Pensando en que el teatro facilitaría el camino de concientización a la población, Juan Pablo Duarte y los integrantes de la sociedad secreta la trinitaria, optaron por crear la sociedad dramática, era un grupo de aficionado al teatro con el propósito de hacer progresar el teatro, socorrer a los menesterosos y honrar la memoria de personas ilustres, eso era lo que se hacía creer pero principalmente era para orientar a la población en función de la creación de un Estado libre, independiente y soberano: la Republica Dominicana, previamente constituida, pero con varios intentos de ser socavada tanto por los haitianos, como por los Españoles.

Había sido constituida como la Alianza, en el año 1873, y prevaleció hasta lograr fundamentar sus objetivos.

SOL DE AMOR.

Gracias a Dios que el sol salió.

Y todo el brillo, está conmigo.

Otórgame la gloria, otórgame el amor.

Dame la esperanza de tu redención.

Si hay un nublado en el firmamento.

Yo tengo un estilo que rompe el tormento.

No hay depresión, solo hay amor.

Nada negativo se mueve conmigo.

A mi Cantón, llega lo mejor.

Todo está organizado bajo el sol.

Si esperamos en Dios, habrá justicia y solución.

Poseeremos el galardón.

Gracias señor, que me ha permitido mantener el equilibrio,

para hacer frente con honor , a las pruebas de la redención.

Es bueno señalar que los trinitarios usaban códigos secretos que les permitía comunicarse y reconocerse en presencia de otros, por ejemplo, el numero 157 sobre una pared venía a significar algo así como trinitario original y en el marco del fetichismo la inscripción AD7 significaba amor de siete, mientras la inscripción 3NI era el número 1844, era como la indicación del día de la liberación pero también se usaban EY Dy PY como clave de saludos significando amor de patria hermano, el número 357 se usaba para referirse a los desertores, cada miembro estaba llamado a reclutar a dos más que pasarían a integrar la sociedad.

El nombre de la trinitaria había sido escogido en honor a la causa del catolicismo definido en el Padre, el hijo y el espíritu Santo, y el 16 de enero de 1844 se redactó un texto memorial inspirado en los agravios sufridos durante la ocupación haitiana, también se incluía un listado de derechos que debían ser consagrados juntos a algunas disposiciones relativas a la conformación del nuevo gobierno que debía hacer cumplir lo establecido en ese documento que encaminaría a la redacción del marco de la constitución, que acabaría siendo promulgada en San Cristóbal por el congreso nacional, el 6 de Noviembre de 1844, traía doce títulos y 211 artículos .

Había estado en vigor por 10 años, sin embargo el 24 de febrero de 1854 había sido abrogado el artículo 210 limitando las acciones del poder ejecutivo y ampliando los poderes del congreso y la suprema corte.

Más adelante, 4 años después el 19 de febrero de 1858, se proclamó la constitución de Moca, considerada la más democrática de la legislación constitucional de Republica Dominicana, en ese entonces.

esa legislación insistió en reiterar en su artículo 1, la consagración del recién constituido estado como una nación libre, independiente y soberana, bajo un gobierno esencialmente civil , republicano, popular, representativo, electivo y responsable, había establecido que la soberanía residía en la universalidad de los ciudadanos ejercida en tres poderes delegados a saber: poder ejecutivo, Legislativo y poder Judicial.

La cronología evolutiva del estado dominicano, nos transporta paso a paso a entender el porqué de la idiosincrasia del pueblo dominicano, y como fue heredada su cultura por lo que paso a paso estamos explorando la trayectoria de la razón y su motivación, entonces hablemos muy someramente de lo que intentaba fundamentar a una nación "libre" y como procede.

Después de todo lo narrado, logrando alcanzar los niveles aspirados en ese entonces, se integra una junta Gubernativa que justificaría detalladamente la visión del futuro de la nación, veamos:

La junta Central Gubernativa (JCG) fue una especie de gobierno provisional, creado el 1 de marzo de 1844 en santo domingo, unas horas después de haberse proclamado la independencia de la nación dominicana, un 27 de Febrero de 1844.

CAPITULO XXVIII

RECONOCIMIENTO

Tenía como tarea organizar la política jurídica y militar, que a su vez la inducia a la administración del país, desde el momento de proclamarse la independencia.

Como les había explicados, todo partió del documento redactado el 16 de enero de 1844, cuyo protocolo describió a los integrantes como un cuerpo colegiado de 11 miembros que asumiría los poderes gubernamentales, hasta que el estado legislara en función de la constitución.

Al iniciarse la organización del Estado Dominicano el 27 de febrero de 1844, un día después el 28 de febrero los liberales, trinitarios y conservadores afrancesados, se unieron y formaron la junta central gubernativa, pero el 11 de marzo de 1844, siguieron trabajando y eligieron a quien la encabezaría.

Dicha junta como habíamos comentado, estaba encabezada por Tomas Bobadilla quien la presidiría y tendría a su cargo la dirección del ejército y la armada.

El documento decía: " Visto lo anterior, la junta además determinará la manera a su juicio más conveniente para conservar la libertad adquirida y nombrara por fin, un jefe supremo que podría ser a uno de los más distinguidos patriotas ,encargado del ejército, obligado a proteger nuestra frontera, poniendo bajo sus órdenes a los subalternos que les sean necesarios"

La base del manifiesto estaban fundamentada en los preceptos y esbozos de varios intelectuales cuyas ideas fueron seguidas en ese entonces tales como Montesquieu, Rousseau y Locke que hablaron acerca de la monarquía Constitucional, además de ser quienes inspiraron la revolución Francesa.

Montesquieu se enfocó en que las leyes de un país debían corresponder y corresponden inevitablemente a las condiciones geográficas, situación económica, y religiosa.

En cambio John Locke fue defensor de la monarquía constitucional, además de ser un filósofo materialista, que había escrito dos tratados sobre el gobierno.

Jean –Jaques Rousseau escribe el contrato social, que consistió en una teoría política que explicó el origen y propósito del Estado.

Plantea que el contrato social es el acuerdo entre los ciudadanos de la sociedad que dio nacimiento al Estado.

Sin embargo, habían pasado varios siglos antes que se adoptara la intención constitutiva de la Republica Dominicana, que se adoptó el 6 de noviembre de 1844, en ese entonces a la Republica se le llamaba Santo Domingo.

Sobre el primer gobierno que dio a luz al primer presidente después de la junta central gubernativa, la historia otorga una confusa atribución al general Pedro Santana también llamado el hatero del sebo, que más bien jugó el papel que juegan los cobardes y los traidores, de esperar que otro agarrara para luego el enlazar, desde ese momento comenzó el karma del oportunismo y la sumisión del pueblo Dominicano como heredero de la nefastibilidad de un caudillo que no albergaba otra intención que no fuera la traición, sobre todo cuando a través de la historia se entiende la conducta de los líderes de una nación desde su creación, identificados con el simple propósito de la sumisión, de nada sirvió la entrega y el sacrificio de Juan Pablo Duarte y el grupo la Trinitaria en favor de la causa de justicia social para y por el pueblo.

Es verdad que cada era trae sus mansos y sus rebeldes según el momento histórico en que se viva, pero antes de abundar sobre el hatero del seíbo, hablemos sobre Juan Pablo Duarte:

Era un joven consagrado dinámico y sacrificado por el equilibrio y la buena voluntad de su nación.

Fundador de la trinitaria, la sociedad Dramática, y la filantrópica

Considerado líder nacional y padre de la patria por su papel preponderante de arrebatarle la República Dominicana de las manos del yugo haitiano, junto a sus homólogos, General Ramón Matías Mella, y Francisco del rosario Sánchez.

En su afán libertario asumieron el juramento trinitario que inspiraría a cada uno de sus integrantes a no claudicar en la fe de su lucha, y tendían a recitarlo antes y después de cada acción en la misión.

"Dios Patria y Libertad".

"Así lo prometo ante Dios, el mundo, si tal hago, Dios me proteja: Y de no, me lo tome en cuenta y mis consocios me castiguen el perjurio y la traición si los vendo."

Hecho el juramento y no esperaron que muriera para hacerle la traición en vida.

JUAN PABLO DUARTE

Había nacido el 26 de Enero de 1813 en la ciudad de Santo Domingo, sus padres fueron Juan José Duarte y su madre Manuela Diez

Había luchado con amor y pudor por la liberación de la nación e incluso fue uno de los redactores de la constitución de la República Dominicana, pero el proyecto de redacción había quedado inconcluso debido a que se vio precisado a integrar el ejército para desde ahí intentar la liberación de la Isla.

La diferencia de forma de cómo debía operarse para un mayor éxito en las batallas lo llevó a tener serias confrontaciones con Pedro Santana que en ese entonces era Jefe del ejército en el sur del país, razón que llevó a los trinitarios a que el 9 de junio de 1844, declararan un golpe de Estado contra Tomas Bobadilla, jefe de la junta central gubernativa de santo Domingo, lo que movió a Pedro Santana a apresar a Duarte el 10 de septiembre de 1844, y a deportarlo hacia el exilio. Sólo regresó el 24 de marzo 1864, para ponerse a las órdenes del gobierno restaurador en Santiago.

El 7 de junio de 1864 había sido retornado a América del sur a recolectar fondos para la causa restauradora, sin otra vuelta de regreso al país, había logrado contribuir dignamente a la causa restauradora, pero quedó postrado en Venezuela, habiendo muerto en Caracas el 16 de julio de 1876.

Debido al trato cronológico de este trozo de literatura historihumanitaria, podrá el lector entender, por qué el pueblo Dominicano es como es: Un pueblo ideologizado alojado en una

Nación de frecuente confrontación en torno al olvido de su historia, presta a repetir con frecuencia los mismos errores.

El dominicano ha sido como el cristo azotado y vilipendiado que sus captores soltaban con las marcas del látigo tatuada en su espalda, y si por circunstancias volviese a encontrar su verdugo en el mismo trayecto aun a sabiendas que había sido azotado por aquel, este tendía a sonreírle y a darle la otra mejilla para volver a ser abofeteado, esto se debe a que el dominicano nació atado por la religión que le infundía misericordia y piedad, y temor, en cambio el malvado, aquel que había nacido para ser lo que era, regularmente no tenía amigos, tenía intereses, y toleraba a su prójimo, siempre que pudiera tener la suela de sus zapatos sobre el espinazo de aquel, pero cuando aquel a quien él había escogido como víctima, se liberaba de la suela del zapato que el malvado plantaba sobre su lomo, entonces mostraba sus dientes vampírico presto a morderlo.

CAPITULO XXIX

EVOLUCIO'N Y CONSTITUCIO'N SOCIAL DE LA NACIO'N

Así fue evolucionando la vida de aquellos, sumisos desde sus periodos indigenistas porque habían sido adoctrinados por la religión para tal propósito, por eso a los abusadores les resultaba tan fácil usarlos y someterlos al grado de conducirlo a la pérdida de la dignidad, y de la lógica de la solidaridad entre ellos.

Era más fácil que un chino y un Judío progresaran donde quiera que llegaran que un dominicano, y era porque aquellos muchas veces solían aceptar las propuestas más perjudiciales, para ellos, sus correligionarios, y su nación.

Y cuando alguno de ellos resultaba con cierto grado de conciencia, y se negaba a ser azotado por el abusador, el abusador solo tenía que sobornar a dos o tres de los inconscientes, para que estos le sirvieran al rebelde en bandeja de plata, por la naturaleza de traidor que lo caracterizaba, presto a vender a su propia gente.

Habían perdido el concepto del deber y muchos de ellos se hacían acompañar de las escorias internacionales, haciéndoles trabajo sucios, y actuando como mandadero de tercero, todo porque los gobernantes que heredaron la nación no invirtieron los suficientes fondos para la educación de la población para fortalecer su niveles de consciencia y auto-estima, para que pudiera expandir el discernimiento de los integrantes de la nación, para una mejor actuación.

Habían dos o tres expresiones que ponían en duda la fe del dominicano, y que afirmaban su pesimismo frente a la cotidianidad de la vida:

"Anda al diablo coño , me voy a joder", Ellos muy pocas veces se referían a Dios cuando se trataba de una sorpresiva condición de su cotidianidad, muchos de ellos eran más ruidosos que valientes pero, los inconscientes eran fácil para ser utilizados para acciones de las cuales más adelantes podrían llegar a arrepentirse.

También eran muy confianzudos o atrevidos, solían envolverse en lo que no estaba supuesto a importarles.

Muchos de ellos eran muy maliciosos, pero su malicia no guardaban una radicalidad hacia una maldad intencional o con alevosía, obviamente, la ignorancia como madre de todos los males, a veces los inducias a perjudicar a personas inocentes.

Muchos de ellos debido a los desamparos gubernamentales solían aceptar lo primero que le ofrecieran, y no era porque fueran malos, sino porque necesitaban sobrevivir, sobre todo cuando se experimentaban el desamparo en tierra ajena, cuando hasta su representación consular acababan dándole las espaldas porque la mayorías de esos políticos enganchados a diplomático no tenían otra concepción de la posición que llegaban a representar que no fuera los dólares o los Euros que pudieran colectar para disfrutar su vida una vez que abandonaran el cargo.

Por otro lado, los políticos y los que ocupaban una posición no siempre tenían una visión clara del ejercicio de sus cargos, porque no todos llegaban con la vocación del servicio.

Nada es casual, y lo que hemos planteado en el proceso evolutivo de la dominicanidad, ha venido obedeciendo a un patrón de conducta aprendido dentro del marco de la limitación, sin condición no podrá ofertarse la mejor opción.

Conocido ya el periodo evolutivo de una nación sustentada por seres sin otra opción que la ambición le hablaremos del profesor Juan Bosch, autodidacta que tuvo la mejor intención pero que sus aspiraciones a formar y consagrar discípulos de dignidad parecía un hecho mientras estuvo vivo, daba la impresión que el partido que el formó después de abandonar al PRD: Partido Revolucionario Dominicano con un Discípulo de ascendencia haitiana, José Francisco Pena Gómez, un consagrado defensor de la población pero que por su color, no inspiraba la mayor confianza a la burguesía ni a la clase media de la nación, como para corresponderle a sus aspiraciones de ser presidente de la república, mucho menos después del golpe de Estado a su maestro, profesor Juan Bosch el 25 de Septiembre de 1963, este acontecimiento cambio el rumbo de la historia de la Republica Dominicana, ya que el profesor Juan Bosch había sido elegido por una abrumadora mayoría, y era el primer presidente electo después de la caída de Rafael Leónidas Trujillo, pero no resultó ser confiable para los intereses de sectores nacionales e internacionales por lo que esos sectores recurrieron a influenciar a las fuerza armadas que ese entonces, estaban encabezada por Elías Wessin y Wessin e Imbert Barrera, este golpe de estado contribuyó al estancamiento de la democracia de la nación e influyó negativamente al desarrollo industrial y agropecuario en la república. Se había generado una guerra civil donde el Centro de Enseñanzas de Las Fuerzas Armadas (CEFA)

cuerpo militar Elite creado en los tiempos de Trujillo, tenía unos 2000 efectivos de infanterías altamente capacitados atacó a las fuerza del coronel Caamaño Deñó.

Wessin, brindó apoyo al general Rodríguez Echavarría para que el resto de la familia Trujillo abandonara el país, afianzándose el ideal de la libertad, para muchos dominicanos,

Durante la guerra civil dominicana se comentó de una posible invasión de Haití a la Republica Dominicana, por lo que se contempló la posibilidad de que la Fuerza Aérea atacara a puerto Príncipe, pero Wessin le había pedido al general Atila Luna jefe de la Fuerza Armada Dominicana (FAD), que investigara más a fondo el incidente, y el resultado fue que todo no era más que una falsa alarma.

Además informó que en el gobierno de Juan Bosch, Las fuerzas del triunvirato integrado por la Armada habían sido infiltradas por sectores de la izquierda cuyo verdadero interés giraba en torno a hacer de la república una órbita socialista de la unión de república Soviética.

El caso es que después del gobierno sietemesino de Juan Bosch, se formó el triunvirato, se trataba del primer triunvirato integrado por Emilio de los Santos, Manuel Tavares Espaillat, y Ramón Tapia Espinal.

Emilio de los Santos renunció y en su lugar asumió la presidencia Donald Reid Cabral, quien gobernó por decreto hasta 1965.

Joaquín Balaguer Ricardo, nació en el 1 de septiembre del año 1906 y murió el 14 de Julio del 2002 ., fue el presidente entrante después de la segunda invasión de los Estados Unidos 1965-1966, llamada operación Power Pack, realizada por el ejército de los Estados Unidos, el 28 de Abril de 1965 ingresó el Cuerpo de Marines en Santo Domingo y más adelante se le unieron la mayoría de la 82 –a del ejercito de los Estados Unidos, y su casa matriz, el XVIII, cuerpo Aerotransportado. La intervención terminó en septiembre de 1966, cuando se retiró la primera brigada de la 82.a división Aerotransportada último remanente de la unidad Estadounidense en el país.

Joaquín Balaguer Ricardo fue un erudito, político, abogado, escritor, gobernó a la Republica Dominicana por varios periodos consecutivos

a pesar de heredar una fuerte oposición de sectores de izquierda y ultraderecha, buscó la forma de equilibrar sus gobiernos, tratando de favorecer a los sectores necesitados del país, impulsando desde una reforma agraria hasta la preservación de la industria azucarera y de las empresas estatales.

Usó la fuerza cuando lo creyó necesario, asesinó a quienes le hicieron sombra, pero a pesar de sus estelas de muertes dejó el país organizado para que quienes tuvieran la buena voluntad, continuaran desarrollándolo.

Balaguer en una ocasión durante un periodo de su gobierno, reconoció que la corrupción se detenía en la puerta de su despacho, e insistió en que los tres mil pesos que ganaba en ese entonces, como presidente de la Republica, le permitía vivir austeramente, defendió su honestidad y aclaró que nunca le había pedido nada al país, nada fuera del salario y la asignación que como presidente le correspondía, rechazó usar los dineros del pueblo para beneficio personal.

Tal vez debido a tal afirmación Víctor Muñoz, el soldado de la armada, o la antigua marina de guerra afirmaba que el país solo había tenido dos presidentes preocupados por el desarrollo y la asistencia poblacional, y sin preámbulo se refirió a Joaquín Balaguer y a Trujillo, entendiendo que los demás sólo gobernaban para sus madres y los familiares de sus padres. e hizo una marcada referencia de Leonel Fernández, indicando que el rejuego de aquel, había dejado al país más hundido de como lo había encontrado, respecto a las ventas de las empresas estatales, el marinero Muñoz se quejaba de las rastreras negociaciones que Leonel había realizado exponiendo los intereses de la nación a merced de la voluntad de los inversionistas extranjeros, al tiempo que citaba a la Barrí Gold, y la terrible negociación de L. Fern con ellos, donde cedió el 97 por ciento del oro de la nación en mano de la Barrí Gold, con el mayor descaro nunca antes enarbolado, este acto de corrupción había puesto una vez más por el suelo la dignidad de la nación la cual siendo la propietaria del metal amarillo, solo había tocado el tres por ciento, por lo que en lo adelante en el país se hablaría del 97/ 3 como un acto ignominia de ignominia contra la nación, un acto deshonroso donde el descaro se imponía por encima de la dignidad, el nacionalismo había desaparecido frente a este acto de hurto al erario público, todo por agarrar una comisión por debajo de la mesa.

Ese era el ejemplo de tales lideres para la generación ascendente, que en realidad no era que tenía una vocación delincuencial, pero que debido al desamparo gubernamental en todo los sentidos, se veía tentada a andar por caminos y personas indigna, sobre todo cuando al país llegaban mafias internacionales que aparecían directamente a corromper las buenas costumbres de las familias y la nación.

En el mismo renglón intervino Ramón Polanco, oriundo de Santiago, afirmó con el esplendor del sol, que Trujillo no fue dictador sino nacionalista, que él nunca tomo una mujer por la fuerza, que era todo lo contrario, que cuando Trujillo visitaba una población todas las jóvenes de esa población eran exhibidas por sus padres, con el interés de que Trujillo se fijara en alguna, porque cuando eso acontecía, los padres de la elegida eran muy favorecidos, por lo que ellos oraban de que alguna de sus hijas, fueran escogidas, porque de ser así, los padres de la escogida eran condecorados con dinero y regalos.

Agregó que las hermanas mirábales, no habían sido asesinadas por Trujillo, sino por la CIA, porque a estados unidos, le interesaba que el pueblo pensara que había sido Trujillo, a fin de que se rebelara contra aquel, ya que Trujillo con su nacionalismo era un obstáculo para los planes del imperio en la República Dominicana, y una muestra de eso era que había pagado la deuda externa como una manera de no ser manipulado por nadie.

Una vez Trujillo desapareció del panorama nacional, las intromisiones de los Estados Unidos, en los asuntos domésticos de la nación, se habían tornado más directos, y sus recomendaciones para la política internacional, habían sido más valoradas y tomadas en cuenta, a pesar de que los gobiernos de Balaguer habían tratados de decidir el rumbo de la nación, por su auto- encausamiento.

CAPITULO XXX

GESTIO'N DE DESHONOR

Muchos pensaron que al ser L. Fernand bautizado por Balaguer, que seguiría el rumbo de populismo frente al pueblo, pero resultó ser todo lo contrario porque lo último que le faltó fue empeñar el país y trasladar los bienes colectados a algún lugar de tierra de nadie, ya que al concluir su último gobierno el pueblo acabó cualificándolo como un fiasco, había dejado decepcionado al país.

Unos años después debido a la cultura del descaro y el latrocinio,

L. Fernand, volvió a presentarse como candidato de un partido, aspirando nuevamente a gobernar el país, la historia se repetía frente al karma de la esclavitud de cambiar espejo por oro, mientras el pueblo insistía en que esos saqueos disfrazados de legalidad, simplemente tendían a obedecer a los sobornos pagados por debajo de la mesa a los amantes de la deshonestidad.

La idiosincrasia del dominicano había traspasado fronteras a tal grado que hasta los organismos Internacionales, llegaron alguna vez, a catalogar el país como uno de los más corruptos en alguna ocasión como en el año 2022, llegó a ocupar el número 123 entre los corruptos del mundo.

Gracias a Dios que nos otorgó el amor, que la esperanza erradica el dolor, y que la paz, nos puebla el corazón.

Nada se pierde todo se gana, cuando Dios aporta, llega la calma.

Entonces llegué y le dije:

----- Cuando llegué y me bañé con miel, todas las bondades me habrían de llover, y la felicidad me ha de renacer, y la vida entera en prosperidad habré de tener, todo lo veo bien, y lo veré mejor, Espero el resultado final, que consiste en tener la bendición en las manos, he tenido muchas aflicciones, pero como siempre, Dios tiene el control.

Entonces cuando me pronuncié de esta manera, Margeli me corrigió y me dijo, ten cuidado al hablar, hay personas que no toleran que le canten la verdad, y menos en su cara, como tú lo haces.--- me advirtió.

Margeli, García, la conocí en una porfía, ella en carne viva, yo en carrocería, yo le cedía el paso, ella me insistía, la miré en silencio y nada me decía, me parquee en un lado y me desmonte, andando despacio me le aproximé.

Hablando tranquilo me vi motivado, pasó un heladero, y le compré un helado.

No se puede hacer convite, antes de matar la res, le dije al compadre pedro, y le dije a don José, ellos acordaron conmigo lo grato que debe ser, cuando se invita a un convite y se les ofrece un chenchen.

Hay marcada diferencia entre chen, chen, y chacá, ya la juventud olvidó la cocina de Margó

Un chaca es maíz con grano, y un chen, chen maíz molido, que triste generación, que olvidó su comprensión.

Cuando cambiaron de ambiente, no lo querían cocinar, pues no tenían el estilo, para a mi abuela imitar.

Cuando mi abuela vivió, un burén sabía atizar, con fuego que hacían las brasas, la comida daba vida, y un pedazo de tortilla se atizaba desde arriba, mientras que el fuego doraba la comida cocinada.

La cultura nacional no se debía confundir, pero había que despertar, las generaciones venideras estarían supuestas a superar la cultura del saqueo, todos querían engancharse a la política, no para servir ni desarrollar el país, sino para enriquecerse, saqueando al erario público.

La historia de la cultura del latrocinio en República Dominicana, había sentado los precedentes de los grandes actos de corrupción de los distintos partidos y sus gobernantes, pero nada había sido comparado a los actos de corrupción de los gobiernos del PLD, que había asumido la agudización de la práctica, una vez que habían heredados la administración pública después de las prácticas y ensayos de corrupción de las administraciones de L. Fernand.

El cual a su vez, había heredado la administración del partido Reformista Social Cristiano, PRSC.

El gobierno inicial de L. Fernand, generó esperanza en el pueblo Dominicano, y aunque intentó desarrollar el país a la altura de las grandes Metrópolis, la ambición y los compromisos contraídos, con sectores internacionales, lo habían colocado frente a los ojos del pueblo como un desfalcador del erario público.

Pero como después de la tormenta, y del reinado de la oscuridad, renacerá la luz con su claridad, y como el hombre no ha podido hacer nada, más que intentar uno, de imponerse sobre el otro, estamos en espera que las mafias y las sectas, entreguen por la buena lo que han reclamados a nuestro nombre en silencio y sin decir nada, y que a lo largo del tiempo ha quedado como un vacío en la población, a pesar de que los saqueadores han seguido fingiendo como que algo han tenido que ver con nosotros.

En cambio el pueblo, se ha negado a renunciar a la justicia, por lo que aparecerán las naves de los cielos y las naves del subsuelo, y tendrán que imponerse, a la desmedida ambición del hombre, como una forma de salvar al planeta.

Esa es la realidad sobre la ficción del hombre que ha persistido en mantener sepultada la verdad, por no ceder a la libertad.

El pueblo genera las riquezas que un grupo de políticos inconscientes, y de mafiosos imprudentes han intentados y logrados saquear.

Pero además, cuando alguien individual es quien genera riquezas, que los funcionarios no pueden directamente disponer de ella para beneficiarse, entonces la maquinaria gubernamental recurría a las manipulaciones o al servilismo, en otras ocasiones algunos funcionarios por no decir todos, aceptaban sobornos por permitir que se evadieran impuestos públicos.

En fin, los tiempos han arrastrados practicas eminentemente libertinas que han inducido a una confusión en la población, dando lugar a que se confunda la libertad con el libertinaje, ignorando que Sodoma no fue una ficción, que fue una realidad que se generó por encima de los deseos y las creencias del hombre, por lo que se hacía necesario evitar el uso erróneo del libre albedrio, para evitar la repetición del efecto de la causa.

CAPITULO XXXI

FRAUDES Y DESARMONIA.

Tú aceleras mi corazón en su latir, porque tú, me haces vivir.

Mi abuelo solía decirme, que me pusiera a leer la biblia para que asimilara sus enseñanzas, fuera sabio, y entendiera su contenido, y tales recomendaciones de mi abuelo, se tornaron para mí, en una forma de ver más allá del momento porque se tornaron en la percepción de cada premonición, entonces apareció un poeta que en plena esquina denunciaba las injusticias y decía:

---- Al jaque criminal, se le acerca el tiempo de lamentar, el andar jaqueando mi pedestal, al suicidio lo va a llevar.

Porque ahora resulta que la mafia contextual, mi negocio intenta dilatar, las fotografías de mi celular, las que no les convienen la quieren borrar, y ahora está tan alocada que se quiere suicidar, cuando caigan en la cárcel, yo lo habré de disfrutar.

Y es que la vida, no es lo que uno desea o quiere, la vida es lo que es, si vas de prisa te dilatará, y si vas despacio, simplemente llegarás a donde tengas que llegar.

Todo es reiteración, porque los, tramposos, los mentirosos y los cobardes, le temen a la verdad como el diablo a la cruz, por eso mataron a Jesucristo, y por eso han tratado de obstruirme.

Ha salido la primavera, y el otoño llega como una quimera, el invierno vendrá como una nevera, y estaremos alegres por la gracia plena,

Que no sufras nadie por lo que padezca, pues el señor nos pruebas para fortaleza, y es tanta la gloria la que recibimos, que le damos gracias por nuestro destino.

Si están enterados, que aquí ya no hay nada, porque silenciar, la verdad atrapada, que nunca se juegue con la realidad, porque lo que ocultan, siempre se sabrá, que tierna jugada, no podrán guardarla!

¿Entienden ahora el por qué le dije que el pueblo es inocente, que culpables son los políticos que en el nombre del pueblo, toman decisiones arbitrarias que afectan al conglomerado?

Entonces canto como una muestra de que su corazón no tenía rencor:

"Te amo amor, en el tiempo y la distancia, en la luz de tu sonrisa, yo te llevo dentro, y es tanta la gloria que el corazón late, y en cada latido, se mueve mi ombligo, todo eso me indica que eres mi cariño, y en mi corazón fraguo tu destino.

Siento y tengo que decirte que el brillo de tu mirada, se ha vuelto mi gran morada, que el esplendor de tu honor, me ha tocado el corazón.

Amor, lo estoy confesando, hoy que me encuentro contigo, glorifico mi camino".

SER Y PODER

El tiempo se detuvo sobre mi piel.

Mi cuerpo experimentó un renacer.

Las arrugas no se pudieron establecer.

Pues mis nuevas energías me dan poder.

Soy la esencia del padre re-establecida.

Soy claridad y luz, que parecía perdida.

En mi mora la paz, y la felicidad.

Yo soy el habitad de la verdad.

Yo soy el recipiente del amor.

Yo soy toda alegría sin dolor.

Si sientes que no eres feliz, estoy aquí.

Y espero por ti.

Yo borraré todas tus confusiones.

Y secaré tus lágrimas emitidas.

Tu vida serás re-establecida.

Y el padre en su esencia, te darás la armonía.

Esa armonía, que tú creías perdida.

La eternidad en la luz, la tienes tú.

Porque yo soy el fuego de tu amor.

He quemado sufrimiento y dolor.

Yo soy el asignado redentor, por lo mismo.

En mi esencia, soy dueño de tu amor.

Gracias señor por tu bondad.

Gracias señor por darme paz.

Si eres la esencia y mi bondad.

Andaré en ti, pues tú me haces feliz.

La esencia del sentir es para vivir.

Te otorgo luz y juventud.

Te doy conciencia y te hago la reverencia.

Eres mi gracia en eutanasia.

Brota la luz, que buscas tú.

Soy el que soy, soy el amor.

Tengo poder en el cielo.

También lo tengo en la tierra.

y en todas las direcciones.

Mi poder se manifiesta.

Perdónenme los fanáticos.

los limitados de mentes.

Que no pueden admitir.

Que Dios ha estado siempre.

Todos estos planteamientos a pesar de que el pueblo Dominicano ha sido un pueblo trabajador, pero no es lo mismo ser empírico por educarse sin libros y sin una balanceada alimentación por carecer de comida.

Como tampoco es lo mismo un técnico con herramientas, que uno que use sus uñas.

La nación en su historia contó con seres dignos, tales como una Anacahona capaz de expresar "Illi Allá Bombé" : Primero muerta que esclava, o un Sebastián Lemba, capaz de liderar y conducir la primera y prolongada rebelión contra la esclavitud, conduciendo a los llamados "cimarrones" o esclavos negros sublevados contra el yugo de los colonos a la parte este de la Isla de Santo Domingo donde hoy sigue concentrado el pueblo Haitiano, este dirigente negro había muerto en 1547

Pero así es la vida y ha habido y hay de todo bajo el sol, y en la viña del señor, pero a lo largo del ejercicio gubernamental de la nación, muchos gobernantes han preferidos depender de alguien que maneje sus riquezas siempre y cuando se le otorgara una limosna para algunos de ellos, de aquellos bienes públicos que pertenecían a todos, porqué una gran cantidad de ellos, se comportaban como los esclavos, que despreciaban la libertad.

En realidad, si hasta el abogado intentaba robar, la mafia contextual lo iba a vigilar, si encontraban pruebas que lo habrían de implicar, la mafia contextual lo iba a chantajear, y cuando el abogado estaba acorralado, tenía que aceptar, el gran soborno que le iban a dar, desde ese entonces quien parecía ser tu defensor y tu amigo, trabajaba contra ti y a favor de tu enemigo, la mafia contextual, se iría a burlar , de dignidad ni ética no habría nada de qué hablar, el mundo de entonces se había vuelto un caos, que

Sólo Dios habría de redimir, y su poder se habría de sentir, y la injusticia vendría a sucumbir, los traidores tendrían que sufrir, y lo que es vuestro se va a restituir.

La justicia se ausentaba, y la gente comentaba:

------ No sabemos el propósito de la táctica dilatoria, en que ha incurrido la mafia contextual, contra las personas a quienes deben honrar.

Ahora sin sentido y sin sentir a la sociedad, quieren quebrantar.

Han evitados el quehacer por no reportar los resultados, no podemos pensar ni creer en algo serio, el caos y su resultado es todo un relajo.

Tales expresiones no eran más que un desahogo, para no asfixiarse con sus propias palabras.

CAPITULO XXXII

NUEVAS SENDAS EN EL ANDAR

La nueva generación no va a sufrir porque su grado de conciencia se lo va a impedir.

La podredumbre actual en el planeta, radica en que si los lideres carecen de control para hacer una nueva administración, y permiten las burlas, el robo y el irrespeto, la generación naciente seguirá su ejemplo imitando lo peor, lo que agudizará el caos con el todo contra todos hasta auto-destruirse, pero como después de la tormenta, y del reinado de la oscuridad, renacerá la luz, con su claridad, sin que pueda el hombre hacer nada más que intentar uno de imponerse sobre otro, aparecerán naves desde lo altos de los cielos y las naves del subsuelo y tendrán que imponerse a la desmedida ambición del hombre, como una forma de salvar el planeta, esa es la realidad, sobre la ficción del hombre que ha persistido en mantener sepultada la verdad, por no ceder a la libertad.

El pueblo genera las riquezas que un grupo de políticos y eruditos inconscientes tratan de saquear para beneficio de un grupito,

Cuando alguien fomenta riquezas, muchas veces algunos gobernantes, permiten las manipulaciones de los dueños de tales riquezas, para que algunos funcionarios la saqueen sin consecuencias, sin impunidad, es por eso que tales prácticas deben cesar, por el bien de los pueblos que integran a la humanidad.

Algunos gobernantes a cambio de regalos y sobornos, y populismo permiten que se confunda la libertad con el libertinaje, Sodoma no fue una ficción, Sodoma fue una realidad que se generó por encima de los deseos y las creencias del hombre, evitemos que el libre albedrio nos conduzca a la repetición del efecto de la causa.

La historia es la base de toda corrección, ya que los errores se corrigen, no se borran porque toda acción genera un suceso que es la evidencia de lo que acontecio, la evidencia siempre ha sido muestra de lo acontecido, y lo que permite a su vez, proucir el merito de la justicia sin tener que suponer.

Tales evidencia nos conducen a los orígenes evolutivo de cada causa, para encontrar una respuesta aproximada a la verdad, de todo lo acontecido.

No vayan luego a decir, que el arábico del barrio, sucumbió mientras comía, una marifinga rara, que atizó su pulmonía y ahora que va tosiendo, va requiriendo el silencio, le va temiendo a la corona, y eso no es ninguna broma.

CAPITULO XXXIII

NACIO'N SIN COMPRENSIO'N

Entonces la nación se vio golpeada por aquellas tormentas que trastornaban las siquis y nublaban la razón, de esos malestares neurológicos que hacen pensar que existe el dolor, sonrisas dolientes que suele impedir que muestres los dientes.

Ternura del tiempo, que te hace sentir la gracia por dentro.

Huellas del camino, que muestran las marcas hacia tu destino.

Terruños baldíos por donde no llegan las aguas del rio.

Verdor clorofilo, o de arboledas ardientes de bosques tupidos.

Leyes del martillo que opacan la gloria del hombre perdido

Respecto a la republica Dominicana, muchos historiadores, ya sea por clientelismo político o por no ofender intereses, han ocultado la verdad y cuando han intentado decirla la han expresado a media, con el respecto de los lectores, tal vez no debería expresarme de esta manera, ya que hay sectores que han apuntado los cañones hacia mí, disque por inquisidor y deslenguado pero la verdad no tiene disfraz , para que sea verdad, hay que decirla como está llamada a decirse, ya que es la más sólida fuente que conduce a la libertad.

Dicho así y hecho está, hasta Jesucristo el santo mayor lo reafirmó cuando dijo "conoceréis la verdad y la verdad os hará libre".

Sí, no hay duda de la aseveración, por eso hemos reafirmados la condición de evolución de la nación y el por qué las generaciones del país han asumido un proceso involutivo en su idiosincrasia diciéndose voy a hacer lo peor contra la población que será lo mejor para mi redención, ya que a nadie le importa, estamos en tiempo donde la gente piensa menos. Por lo que se nos ha dado rienda suelta y licencia para vender lo que es de todos como si fuera mío.".

Todo este accionar, pudo generar oposición entre la población, pero todos los que hacían ruidos, la maquinaria del soborno y la manipulación lo silenciaba, sino era con dinero, era con el sicariado, la republica Dominicana clamaba por la dirección de un hombre enchapado a la antigua, de los que ponían a la nación por encima de la ambición.

Muchas veces la paz, estaba difícil de lograrse, porque las injusticias la intentaban bloquear:

Se había perdido el respeto y eso era un gran malestar y el pueblo a coro vociferaba:

"Los que han reclamado mi dinero y no me lo han informado, están pensando que me han robado, pero tarde o temprano verán el resultado"

Cuando el poder estaba sustentado por los necios, e ignorantes, aquellos tendían a agudizar el ejercicio de las persecuciones y las violaciones de los derechos humanos, y tales actos generaban maldades y ataduras y que a su vez inducían a venganzas, que conllevaban a violencia, dentro del libre albedrio., y no habiendo corrección a tiempo, la paz solía sepultarse, y la violencia agudizarse.

Había sectores que por su condición de mandaderos de tercero, se volvieron testaferros, que indirectamente se volvían contra los intereses de la nación, implementando maldades contra sus correligionarios.

Una gran parte de los ciudadanos dominicanos, al no tener una atención progresiva asegurada en el país, se vieron precisados a vender lo poco que tenían como patrimonio de vida, para salir tras la promesa de un sueño que muchas veces tendía a convertírsele en pesadilla, o en quimeras que en ocasiones los inducias a perder la vida, en un arranque de desesperación y algunos de los que lograban llegar descubrían que las cosas en los estados salvadores, no era como se lo habían hecho creer, que muchos andaban con la creencia de que encontrarían dólares rodando por las calles como hojas de palos, muchos de los que lograban llegar, luchaban por no volver a la nación con las manos vacías, otros seguían creyendo en las promesas de los políticos, y aun siendo habilidosos y maliciosos acababan siendo engañados porque el político acababa usándolo dándoles promesas que nunca cumplían y cuatro años después volvían a aparecer con el cinismo y el descaro, ofreciéndole la luna y el cielo y el pueblo creyendo, seguía prisionero.

Ese era el motivo por el cual los políticos inclinados al saqueo del erario público, se enriquecían y cuatro u ocho años después volvían a buscar el favor del pueblo y este se lo concedía volviendo a ser engañado, porque era un pueblo folclórico, chistoso, olvidadizo y mandadero, perdonaba, la impunidad lo asaltaba, sin que pidiera cuenta a través de un juicio público, y esa es la razón por el cual los mecenas del oportunismo, abusa y saquea al pueblo dominicano sin ser pasado por el patíbulo, y el motivo por el cual algunos extranjeros tratan de despojar a algunos Dominicanos de sus pertenencia con la ayuda de los que siempre fueron traidores, porque creen que pueden salirse con la suya intentándolo.

No obstante habían grupos más sensibilizados que surgieron en los últimos tiempos que vinieron advirtiéndole a los que no habían querido abandonar la cultura del latrocinio, que aunque a base de porfía: "Decía Carlos a Rosalía, que la pava ya no pone, a donde mismo ponía".

En realidad en donde Dios no había puesto, se hacía difícil agregar, porque cuando un pueblo nacía sin cabeza, traía el cerebro invertido.

Desde ese año glorioso y confuso en que los españoles y el genovés, llegaron a este nuevo mundo, desde ese momento las almas puras que habitaban el contexto, serian transformadas por la cosmovisión de la Metrópolis que con sus sofismas llegaría a golpear a los que cambiaron oro por espejos, y la inyección de tal malicia fue perdurando de generación a generación para llegar a lo que se es hoy.

Así como los Españoles erradicaron a la población aborigen, nombrándolos con la identidad del indio, que por su ingenuidad para los exterminadores significaba "pendejo" aún perduran hoy en las almas que habitan el plano han seguido evolucionando con las mismas ingenuidades convertidas en malicias para aplicar de formas sumisas las mismas técnicas de darlo todo por nada, con tal de guardarse una comisión personal, los políticos que históricamente han asumidos la dirección del Estado Dominicano han asumido tales posiciones como que han estado dirigiendo su vaca personal y que por lo tanto tienen derecho a ordenarla como la vaca de particular, cuya leche solo de ser usada para alimentar a sus familiares , lo que ha impedido que el país alcance un desarrollo equilibrado como otras naciones que han logrado alcanzar buena educación, alimentación y salubridad para sus pueblos. Por lo que se hace necesario un saneamiento de los politiqueros, y de los saqueadores del erario público que se han convertido en el peor ejemplo de las futuras generaciones.

La cotidianidad muestra la corrupción como muestra de instrucción para otra generación que ha perdido la ilusión.

La mayoría de tales administradores, perdón, quise decir saqueadores público no dejaban de asumir posturas descaradas ante el país y sus partidos, la condición sumisas de las mentes limitadas se habían dedicado a tomar postura que beneficiaba a la clase gobernante pero que perjudicaban a la población.

Podríamos mencionar las negociaciones de la Barry Gold, de Canadá, que al otorgar una limosna a la clase gobernante asumía el derecho de una licencia para sacar el oro del país a cambio de una comisión paupérrima aun cuando el oro pertenece a la nación, los limosneros de la tradición siempre han actuados como entreguistas y esos nefastos principios han sido transmitidos a nuevas y futuras generaciones, nunca han sabido lo que es la ética y el concepto del deber, ni les ha interesados.

Todo lo visto es porque el político Dominicano en su mayoría no ha hecho otra cosa que saquear al erario público, enarbolándose y permitiendo fraudes que benefician a sus familiares, pero que perjudican a la población, por eso hemos de ver cómo la clase gobernante ha venido repartiéndose el país, mientras que la población cada día ha estado sumida en el dolor, la desesperación y la falta de esperanzas.

Otra negociación que aunque parecía beneficiosa para la población, los mayores beneficios quedaron en manos de los constructores, fue la construcción de la carretera de Samaná con sus peajes, compras de aviones y helicópteros etc.

Son muchas las acciones perjudiciales en que la mayoría de los gobernantes del país han incurridos por prebendas personales en perjuicio de la nación.

La generación de políticos, que aspiraba a gobernar el país, en ese entonces debía entender que los negocios no se hacen por sobornos, ni por conveniencia personales, sino por las actuales y futuras conveniencias a la Nación, no por conveniencia a los políticos de turno, que a lo largo del tiempo han hecho de la política y el saqueo una condición de cultura folclórica que ha dejado a la nación como el cantón de la corrupción.

A lo largo de su historia la nación ha sido objeto de admiración y patriotismo, y grandes líderes entregaron sus vidas por ella, y podemos hacer mención muy someramente, de líderes como Gregorio Luperón. como Francisco Alberto Caamaño Deñó, las hermanas Mirabal: Patria Teresa y Minerva, sumándose a ellas Manolo Tavares Justo, entre otros.

Pero antes de llegar a ese momento permítanme decirles lo acontecido durante la primera República:

CAPITULO XXXIV

Cuando una sociedad anda invadida

De inconscientes y delincuentes, que

generan abusos frecuentes, hay que verificar.

Cuáles son los dementes?

PRIMERA REPU'BLICA Y LA FUSTA INJUSTA

Antes de Santana Gobernó Leopoldo O'donell, Santana 1801-1864, fue el último presidente de la primera república, 1844 a 1848 y después de la independencia, anexó la República a España, como habíamos dicho, anteriormente deportó a Duarte al extranjero, y una vez enterado de la anexión, Duarte regresó y luchó contra Santana del lado de aquellos que se les oponían a Santana.

El germen de la Dominicanidad, no había evolucionado en paz, de traiciones y habladores fue llenada la ciudad, donde habitaban los grandes que no querían libertad, entre traiciones y dolores, ninguno tenían piedad, por poderes y ambiciones golpeaban su libertad, peleándose entre ellos mismos, no alcanzaban la verdad, y por unas pocas monedas, vendían su tranquilidad, que vergüenza sentía Dios, que siendo su creador, esa etnia que creó, no supo rendirle honor.

Es necesario señalar que una vez fundada la República el primer presidente constitucional había sido Arturo de Merino, quien gobernó entre 1880 y 1882.

Francisco del Rosario Sánchez, fue presidente de la república desde junio 9 1844 a julio 16 de 1844, durante ese tiempo gobernó

Buena Aventura Báez, nació en 1812 y murió en 1884, tan corrupto como la ortiga a los bosques, gobernó por cinco términos no consecutivo.

En 1849 a Santana le sucedió en la presidencia Manuel Jiménez, pero los gobernantes dominicanos eran tan efímeros que llegaron a ocupar el cargo unos 66 presidentes, Buena Aventura Báez, Ulises Heureaux (Lilis

Fue presidente de 1887 a 1889. Se le conoció como a un dictador.

Lilis había sido derrocado por un grupo de conspiradores encabezado por Ramón Cáceres, Jacobo Lara, y Horacio Vásquez, quienes habían asesinado a Lili en la ciudad de moca el 26 de julio de 1889.

Después del asesinato de Lili asumió la presidencia Wenceslao Figureo Casó, desde 1899 hasta 1910..

Felipe Horacio Vásquez, fue un presidente provisional de 1902, 1903, y en 1924, después de Horacio Vásquez fue presidente Juan Isidro Jiménez.

En realidad al morir Lilis se pensaba que habría un país equilibrado, pero el matiz de la mala hora y el germen de la traición se había apoderado de los políticos de ese entonces al grado de ensayar el juego del "quítate tú para ponerme yo", generándose una inestabilidad que indujeron en el año 1916 a las botas del ejercito de los Estados Salvadores a crear la necesidad, de pisar suelo Dominicano bajo el alegato de salvaguardar sus intereses.

CAPITULO XXXV

EL DINERO LOS TENTO'

Si la decepción es un galardón, tú quieres mostrarlo sin pedir perdón

Una alma dañada, pide rebelión, tras de la justicia de la redención.

Por una sonrisa condenan a Trump, a pagar millones sin contemplación,

a mí me violaron hasta la esperanza,

más la mafia rancia, saquea mi sendero como su añoranza,

que ingrata justicia genera la vida, el hombre no piensa ni en su despedida.

Su prestigio había flotado sobre los rascacielos, La salud se ofertaba a los quebrantados como el Dios del cielo, no había uno que fuera a chequearse que saliera sano aunque lo tuvieran, siempre había un motivo para hacerlo enfermo.

El grupo de galenos se habían posesionado en el corazón del alto manhattan, sin que ninguno de los visitantes, no fuera atendido, en ese entonces Washington heights era el sector que mayor enfermos alojaba porque los diagnósticos se disparaban, el grupo médico "sendero de salud", estaba integrado por cinco prestigiosos galenos que bien podía decirse que representaban los distintos renglones de la población de nueva york, dónde habían blancos morenos, cobrizos, cruzados sereno, y porque no decirlo, hasta chino, si, podíamos afirmar que el chino Juao, era el que mejor parado estaba, ya que era el encargado de las terapias físicas, y no solía bregaba con recetas algunas que pudieran afectar la condición del paciente con los susodichos efectos secundarios, pero por lo de mas, todo paciente atendido que tuviera medícate, no salía sin un okay.

Los matasanos cada día creaban distintas enfermedades para distintos pacientes, pero la que más pululaba era la enfardad dulce que solían llamar diabetes. Y ponían aquellos a introducirse medicamentos innecesarios que le generaba la enfermedad aunque no la tuvieran.

Hipócrates se habría consternado, antes, las prácticas de tan perversos galenos. Ah, paren ahí, no se me vayan, aun no le he dicho nada del testaferro, a que no me dicen de donde era... Dominicano, siempre dando el frente como un imprudente, haciendo mandado como hombre decente, muy popular, muy influyente,

Les debo argüir, que tales galenos tomaban wiskis del más costoso, cuando se reunían los cinco con las esposas e hijos a recrear sus condiciones sociales, y hacían gárgara con las cajas de wiskis que les regalaban las farmacéuticas,

Las riquezas de aquellos, crecía vertiginosas mente, las facturas del medicare llegaban al gobierno muy adulteradas, y el departamento de salud se preocupaba, ese grupo medico gastaba un alto porcentaje de los fondos del medicare, por lo que empezó una investigación silenciosa donde se percataron que los galenos habían realizado un horrendo fraude al medicare, la clínica fue cerrada y el testaferro que era de origen dominicano, corrió para la república, negándose a aparecer a darle las explicaciones que ameritaba, al gobierno.

Se trataba del doctor Pantaleón de León, quien en ese entonces era un prominente del partido Reformista, y era amigo personal del presidente Balaguer, que por la misma condición generada, se había negado a extraditarlo para los estados Unidos,

Por mucho tiempo el doctor Pantaleón se mantuvo en Santo Domingo impartiendo docencia en una que otras universidades del Pais, pero como siempre, es mejor dar el frente, el inocente siempre esta presente sin temer a qué dirían la gente.

Impartía el doctor Pantaleón la materia de anatomía genética en la que se le inscribió un policía encubierto de la interpol, aquel era de origen hindú, que buscó la manera de relacionarse con él, al grado de hacerse "amigos."

Cuando aquel se había posesionado en la amistad con el doctor Pantaleón, le habló como la culebra a Eva y le dijo:

---- Doctor Pantaleón, pensaba yo que cómo un hombre de su categoría permanece aquí, ganando chelitos en este país, porque mejor o se va a Dubai a ganar entre 150 a dos cientos mil dólares anual---- Dijo, lo que indujo al doctor Pantaleón a experimentar una ampliación de sus pupilas,

---- En realidad, suena interesante la propuesta pero yo no conozco a nadie en Dubai.

----- ¿Qué pasó, doc? Tal sugerencia viene acompañada del canal, yo tengo las relaciones, y puedo conectarlo, piénselo.---- Expresó el policía hindú.

El doctor Pantaleón guardó un breve silencio que luego rompió respondiendo.

---- Te dejaré saber.---- Dijo el doctor Pantaleón algo convencido.

---- Muy bien doc., yo iré haciendo los preparativos.

Se despidieron, mientras el doctor Pantaleón se encaminaba hacia otra aula donde lo esperaba el alumnado de otra sección.

Pasaron los días, y Hassan, el policía hindú le entregó diez mil dólares para que aquel hiciera los preparativos de lugar incluyendo la renovación del pasaporte, una vez concluidos los preparativos, pasaron a debatir por donde sería la escala de la trayectoria, por lo que el doctor Pantaleón proponía que se fueran por España, pero el policía hindú sugería que fuera por Holanda, el caso es que el doctor Pantaleon, aceptoo la propuesta de Hassan el policía encubierto, que asi se llamaba.

Llegado el dia y el momento habían salido del aeropuerto las Americas en un vuelo directo hacia Holanda, donde harían la escala para viajar a Duvais, pero cuando intentaron abordar el vuelo que lo conduciría a Duvais, mientras Hassan caminaba adelante seguido por el doctor Pantaleon, aquel había sido interceptado por agentes del FBI, Hassan siguió de frente sin mirar hacia atrás, y de esa manera había sido extraditado a los estados Unidos, donde purgó una condena de ocho años.

Una vez cumplida sus penas había sido regresado a la republica Dominicana, donde trato de tocar puertas e intento retomar sus cátedras en la universidad donde impartía docencia, e incluso buscó la manera de que su amigo del pasado L. Fernand, a quien en más de una ocasión en sus años de gloria, en nueva york, había invitado a comer , y quien a su regreso al país se desempeñaba como presidente de la Republica, que de alguna manera si hubiese querido ayudarlo lo hubiese hecho, pero no, el doctor Pantaleón había violado la ley de la metrópolis y era peligroso hacerle el juego a un deportado del imperio, cuando hasta estados unidos creaba programas de readaptación a sus ofensores, lo que indicaba el desamor por su pueblo que fomentaban los políticos dominicanos, que querían hacer pagar dos veces por un mismo delito a alguien que ya había sido Juzgado, pero que carecían de la iniciativa de meterse preso entre ellos por saquear al erario público.

Un tiempo después, el doctor Pantaleón había muerto arruinado en salcedo, su pueblo natal.

CAPITULO XXXVI

Ya los tiempos se han cambiados.

y todos están en su lado.

hay que tener su cautela.

y si es preciso estar juntos.

que no sea reburujados.

es mejor mirarse solo.

que estar mal acompañado.

KAN Y LOS TIMADORES

Podríamos decir que no "ha habido un lugar sobre la tierra donde se pudiera estar en paz" porque por donde quiera que la gente intentaba moverse, la corrupción la alcanzaba.

Veamos cómo se desarrollaba la acción de corrupción en el Santo Domingo sin honor.

Todo lo que acontecía en la morada contextual de los Dominicanos en New York, se arrastraba a la isla, y la República dominicana cada día se convertía en el patio trasero de New York, veamos las célebres acciones de las celebridades, que pensaban que era mejor delinquir, que estudiar o trabajar, queriendo desacreditar con su erróneo accionar, a a los hombres y mujeres de buena voluntad que pensaban diferentes a ellos.

para satisfacer sus egos. Kan como muchos otros había llegado pequeño a Estados Salvadores, asimiló la cultura contextual y pensó que podría hacer todo lo que había visto que los de más hacían, pero sólo imitó lo peor, no lo mejor.

Sus padres murieron y se descuidaron en hacerlo ciudadano, Kan había ido a la cárcel por Narcotráfico en más de una ocasión, y la tercera vez lo habían enlistado para deportación, aunque él no tenía más que una prima en la Republica, era algo así, como no tener familia, pero a pesar de todo había sido deportado.

No teniendo Kan otra forma de vivir fuera de la delincuencia, se dedicó a sobrevivir como las circunstancias se lo habían permitido, incurriendo en una serie de irregularidades, pero sin más preámbulo, veamos las tácticas a la que aquel estaba recurriendo en el patio caribeño:

------ Hola, tengo una pistola del general con quien yo trabajo y se está vendiendo en quince mil, puedes depositarme diez mil, y luego buscaré la manera de hacerte la entrega, entra al enlace que te voy a enviar para que la vea.----- Dijo Kan, el timador a Tom, mientras se hacía pasar por Dakar.

Entonces Tom entró al enlace y descubrió que la página traía la foto de Dakar pero el número telefónico era diferente, entonces de seguir la conversación Tom hizo una pausa, y le dijo que él no tenía respuesta para ese día, pero que si lo contactaba al otro día le daría una respuesta.

Acordaron que así lo harían, y Tom, llamó a Dakar a quien él, conocía, y le informó sobre lo que estaba aconteciendo de que estaban usando una página con su fotografía, y que le estaban vendiendo una pistola, que si acaso tal oferta venia de él.

Dakar le explicó a Tom, que no, que la pistola más barata en el mercado dominicano valía cien mil pesos, que por que habría de andar vendiéndola en quince mil.

En realidad, la civilización había alcanzado la máxima decadencia y era necesario la restauración del orden para el equilibrio del planeta.

Pero además, hubo un momento en que Tom pensó, en la condición perruna en que sobrevivían los deportados del extranjero, en su proceso de readaptación.

Las dificultades crecían cada día, y Dakar se había percatado que su foto había sido clonada y se había estado utilizando en las redes sociales, por lo que al otro día, siguiendo el enlace que le había suministrado Tom, acudió a querellarse con la policía cibernética la cual no duró mucho tiempo en suprimir la página y en limpiar la foto de Dakar, ya que habían logrado rastrear la llamada y ubicar la página pero no la llamada, debido que Kan se había comunicado de un número clonado, que no permitió la auténtica ubicación de aquel.

Entonces Tom se preguntó por qué el humano tendía a poner la irritante bajeza, por encima de la elevación social, pero comprendió la razón de Platón, " de que nadie es más odiado, que quien dice la verdad".

Lo cierto era que Kan seguía en sus acciones delincuenciales y el martes 13 de mayo aproximadamente a las diez de la mañana en las proximidades de la Avenida prolongación Venezuela por donde más tarde pasaría el teleférico, pero permítanme definirle lo que es el teleférico se define como una tecnología que usas cables de acero propulsados eléctricamente para mover cabinas suspendidas entre terminales ubicadas a diferentes altitudes o elevaciones, pues en ese círculo vicioso se encontraban siete triciculeros como almas que alzaban el vuelo pero se habían dejado arrastrar por aquel, como aves que dormían en sus laureles, entonces les dijo a los trabajadores de los triciclos que una camioneta roja que había parqueada frente a una tienda, pertenecía a él, y que la tienda también, además la mujer que la atendía era su esposa y que el necesitaba transportar una mercancía, pero que la camioneta tenia dañado los frenos y que el mecánico no estaba disponible para acudir a repararla, y esa mercancía debía estar a donde se iba a transportar antes de la una de la tarde, por lo que necesitaría por los servicios de ellos, los hombres se sintieron regocijados por la propu3esta, debido a que ellos aguardaban por ser contratados desde la siete de la mañana y eran las diez, tenían tres horas esperando, entonces con mucho gusto los hombres de los triciclos accedieron a asistirlo.

Pero Kan, ni tonto ni perezoso los cuestionó en función de la garantía que ellos le darían de que esa mercancía, no desaparecería con ellos en el camino, ellos le replicaron algunos hasta ofendidos delas razones de que el dudara de ellos.

Sin embargo Kan alegó que él sabía que ellos eran hombres serios y de trabajo, pero que él era un hombre de negocio y que si Jesús que había sido el salvador había dicho que 'era maldito el hombre que creía en hombre", rindiendo honor a Jesús el, ni era ni seria maldito, y que lo que importaba era que ellos le dieran una garantía.

Ellos le especificaron que no había problemas, que le entregarían las licencias de conducir y la tarjeta de identificación.

Pero Kan como malicioso al fin entendía que el ladrón juzgaba por su condición entonces le pregunto a ellos que cuanto tenían los siete en sus bolcillos.

Los trabajadores de los triciclos rápidamente dieron detalles de lo que portaban, el primero de ellos dijo, yo tengo dos mil, el segundo mil quinientos, el tercero yo dos mil quinientos, el cuarto yo mil doscientos, el quinto, yo mil ochocientos, el sexto habló de 1,700, y el séptimo dijo que él solo tenía mil, entonces Kan le pidió a ellos entregarle el dinero que tenían como garantía, y le dijo a los trabajadores de los triciclos:

----- Bien, bien, aguántenme ahí, déjenme hablar con mi esposa para que prepare todo para que ustedes carguen.

Los dueños de los triciclos pensaban que la vida era como una marifinga que si no se ingería con cuchara, se engullía con jeringa, en cambio Kan, pensaba mientras miraba," así es don jando, así es don Jando, todas las chicas me están danzando, salto por aquí, corro por allí, todas aquellas chicas, me hacen muy feliz, todas aquellas chicas me hacen muy feliz".

Kan cruzó del otro lado de la calle, saludó a Chila con un beso en la mejilla, la mujer que atendía la tienda, ella estaba atónita y sorprendida, en realidad ningún desconocido había usado con ella, la confianza que aquel acababa de usar ya que en realidad no se conocían, aunque aquel ya había entrado en contacto con la familia al ofrecerle a Tom, venderle la pistola, y ahora Kan usó confianza con Chila que por cierto era la hermana de Tom a quien ya había intentado timar con la venta de la pistola. Al aproximarse a ella le preguntó que si ella tenía botones.

Chila que era una mujer joven y de poca experiencia, le respondió que no.

Kan una vez escuchó la respuesta se devolvió a donde estaban los hombres de los triciclos y les pidió que fueran a cargar, en lo que ellos dieron las espaldas, Kan, desapareció mientras los trabajadores de los triciclos esperaban una respuesta de Chila, ellos la miraban hablándole con el rostro, ella inquieta les preguntó:

----- Díganme caballeros, en qué puedo ayudarlo?

El primer hombre de los triciclos le respondió.

---- Estamos esperando la mercancía que vamos a llevar a donde su esposo le ha indicado.

¿Qué mercancía, a qué esposo se está refiriendo?.... ---- Cuestionó Chila, sorprendida---- Lo primero es caballeros, yo no sé de qué, ustedes me están hablando, yo no soy casada, y aquí no hay mercancía para ser transportada por ustedes siete, así es que están confundidos.

------ Pero cómo es que usted, nos va a salir ahora con eso, nosotros vimos cuando él cruzó y la besó en la mejilla, él dijo que esta tienda era de él, y que la camioneta también era de él, y que usted era su esposa.

----- bueno caballeros, lo siento, ustedes han sido engañados.

El segundo de los hombres soltó un grito que asustó a los de más:

---- Ay Dios mío, nos quitó todo lo que teníamos, y usted es su cómplice.----- Dijo.

----- Usted está loco señor, yo ni conozco a ese hombre.---- Dijo.

---- ¿Qué tu no lo conoces, como es eso, y porque él se te acercó te habló al oído y te besó en la mejilla?.----- respondió el tercero de los hombres.

---- ¡Brutos, acaso no se dan cuenta que quiso meterme al medio para poder engañarlos con más facilidad! Si hubiese sido mi marido me besa en la boca y no en la mejilla, él lo hizo por fresco, si yo hubiese sabido eso, le soplo una galleta, con razón llegó él saludándome con beso sin conocerme, necesitaba una coartada para confundirlos.----- Dijo Chila enojada.

---- Bueno mujer, si usted no lo conoce va a tener que decírselo al teniente, porque nosotros no nos vamos a tragar el cuento de que ustedes no estaban combinado.----- Dijo el cuarto de los hombres, e inmediatamente se pusieron rumbo al precinto policial más cercano y se querellaron contra Chila, siendo esta inocente e ignorando lo que había pasado.

En un breve lapso de tiempo llegó un sargento acompañado de un cabo y seguido por un raso y sin mucho indagar explicaron el motivo de su presencia y por qué se verían precisado a llevársela arrestada hasta que se aclare el posible mal entendido.

----- Está bien, soy inocente y por eso tengo interés en que se aclare la situación.---- Dijo.

Fue conducida al precinto de la colina y allí estaba el teniente Abreu, quien más tarde la trasladaría para el precinto de radio televisión Dominicana.

Viendo Tom, lo acontecido con chila, procedio a moverse en la fiscalía del precinto felicidad exponiendo antes el fiscal lo acontecido, y como Tom era asimilado del G—2 una división de la armada en ese entonces, el fiscal mando a buscar al teniente Abreu, a fin de que trasladara inmediatamente a Chila a la fiscalía de Santo Domingo Este, de donde fue absuelta y despachada a su casa, antes de que la procesara un juez.

Asi operaba la agonizante existecia de los ciudadanos de la republica dominincana, donde en el marco de la cotidianidad, solian pagar justos por pecadores y si las victimas carecían de una solida fuente económica, o de un padrino con fuerte influencias gubernamentales, la vida se le hacia una odisea a todos los que se enmarcaran en el renglón de los blas, blas.

CAPITULO XXXVII

OLVIDADIZOS Y SINVERGUENZOS.

Algunos Dominicanos solían tener buen concepto de ellos mismos y muchas veces se escuchaban hablar con ciertos tonos que definían su auto-condición, echándose expresiones de forma desaforadas, y con alta definición de desamor, por ejemplo si alguno de sus amigos tenía un carro que sonara como si tuviera agravado, el podía decirle a su amigo " este vehículo te vas a dejar a pies, en vez de decirle es tiempo de que aproveche este vehículo para que te monte en un coche más avanzado, y esa forma de proceder podía definirse como un estilo cultural y murmurándose entre ellos decían : "coño macho, el dominicano cuando no la hace a la entrada, la hace a la salida": Pero eso no se detiene ahí, son tan bulineros que cuando uno comenzaba a molestar a otro agitándolo con palabras que no eran del agrado de la víctima, "darle cuerda", no lo soltaba hasta que no lo veía reventar.

Uno de sus atributos consistía en ser trabajadores, dinámicos, y que por dinero, eran capaces de limpiar hasta el sucio, pero le encantaba ponérsela difícil entre ellos, a pesar de ser emprendedores desde niño, porque tenían por costumbres desde los estándares de sus pobrezas, salir a tocar puertas para ofrecer a domicilio los servicios de limpiabotas, o mejor dicho, solían solicitar a domicilio el trabajo de lustrar zapatos, o salirse a vender dulces, con eslogan como:

-----" Dulces que te endulzas la pasión, que te tocas el corazón, para que consigas amor", de igual manera se le oía promover la venta de maní, voceando:

-------- "Maní molido, maní tostado, y el que no lo compra es un arrancado"

Pero además, solían vender verduras, o sazonador, ofertándolo al estilo único de la cultura folclórica:

"Marchanta, aquí la marchan tita, tengo la verdurita que sazona su comidita y se la pones sabrosita.

Y los que no estaban en la escuela o atizando la economía informal, aparecían en las esquinas cantando el tema a la cucaracha como:

---- La cucaracha, la cucaracha, ya no puede caminar, porque le falta, porque le falta, la patita principal, o son son, de la carabela, el que mira hacia atrás, le doy una pela, y así por el estilo.

Nada es casual en la vida, todo se sufre y se siente, si tienes que padecer, la angustia te hará crecer, todo es gracia y alegría, los que andan buscando penas, tendrán su filosofía, la gloria es bondad de paz, que a lo largo del camino, genera felicidad, todos los sendero conducen hacia el primero, el padre trae la bondad, sin que importe el qué dirán;

La cultura del dominicano, era una cultura de desafío, y su forma de expresarse daba la impresión de que no respetaban ni a su madre, porque cuando tenían que decirle "ladrón a alguien, no frenaban su lengua y no se le escapaba ni el presidente de la República.

En verdad, cuando una discusión ponía a un dominicano en confusión y aparecía un tercero que podía intervenir en la discusión para aclarar el mal entendido, el que no creía en lo que el otro decía, invitaba al tercero que había llegado de la siguiente manera:

---- "Venga acá hermano mío, usted que sabe de mondongo, desenrédeme esta tripa----- Le decía el que lo había invitado, todo con el propósito de significar, de quien era el conocedor del tema tratado.

Y fue así como se fue convirtiendo en consejero del tormento, es decir, por dos o tres pesos vendía al más indefenso, y más que un acto de sabiduría, era una herejía de la que más dolía, ya que nadie esperaba que aquel a quien tú creía tu familia, te decepcionara por tres monedillas.

Todo lo comentado en función de la humildad, del niño dominicano, humilde y trabajador, se fue transformado, y el niño humilde y trabajador al no tener una facilidad de desarrollo académico y económico, empezó a montarse en la cola de un motor, para crearle terror a los inocentes y le arrancaban las cadenas del cuello a los transeúnte, asaltaban y desarmaban a policías y oficiales, y la nación se fue convirtiendo en un lugar peligroso hasta para sus habitantes, y aun así, los políticos descarados y desvergonzados que no invertían en la educación de la población, ni en la salubridad ni en la creación de fuentes de empleos, habían influido drásticamente en la inmigración forzada, y en su afán de irrespetar y agudizar la condición de hambre que atravesaba la nación, cada cuatro años buscaban la manera de sobornar a los líderes de las organizaciones barriales a fin de que se hicieran de la vista gorda, para que no orientaran a la población respecto al peligro que significaba vender su votos por dos o tres pesos que le quitaría el hambre durante el día de las elecciones, pero que los esclavizarían por el resto de sus vidas porque seguían eligiendo a sus opresores.

Ignoraban que los caminos del infierno estaban llenos de flores, que aunque se ignora, y que lo correcto era que el que conociera la malicia del malvado, que simplemente lo hiciera saber, para que su maldad, no prosperara.

Pero aun así, no era la estancia de la gloria el lugar regenteado por gañanes y fanáticos que por satisfacer sus egos, robaban y financiaban la maldad como esencia de su enfermedad, usaban a los débiles, confundían, manipulaban, y enviciaban a las minorías, y cuando descubrían tu desacuerdo con sus malicias, sobornaban a la madre de tus hijos, para alejarlo del padre, y así contarle una historia diferente sobre ti, contrario a la verdad.

"Que la boca sea trono de tus palabras, y que lo que pienses y digas, se te concibas". Era la expresión de bendición que citaban todos los que clamaban por justicia, porque entendían que este decreto sería más fácilmente escuchado por Dios, que pidiéndole a los hombres o a los gobernantes, debido a que en los últimos tiempos más que antes, se les hacía injusticia a los pobres, para satisfacer el ego de los ricos, que tenían cómo pagar y comprar a los políticos para que desde el gobierno se violaran las leyes, perjudicando a los de abajo, y favoreciendo a los de arriba.

Entonces solía suceder que la parte que integraba a la población que no estaba enganchada en un partido político, tenía que hacer magia para comer, porque la nación carecía de una sólida fuente de producción que abasteciera a todos de salud y alimentación.

La condición de productor agrícola de la Nación se había reducido

L Fern había vendido y privatizados todas las empresas estatales, obviamente tomando una prebenda por debajo, a cambio de dejarle la mayor parte de los beneficios al sector privado y asegurándose que el pueblo quedara con las manos en la cabeza, y sobre todo, echándole más cargas impositivas a la deuda pública, tal acción condujo al país a una marcada dependencia.

El mayor sustento del país, llegaba de las remesas de los Dominicanos en el exterior, principalmente de los Estados Salvadores y España, que cada día se encariñaban más con la República Dominicana, haciendo muchas veces ellos la inversión para el "desarrollo" del país, apoderándose de las ganancias de tales inversiones mientras recobraban lo invertido, para luego regresarle las infra-estructuras al país 20 años después, cuando casi era necesario reconstruirlas de nuevo, lo que aprovechaban los políticos para enriquecerse con el dinero de la población, por eso todos querían pescar en rio revuelto aprovechando la cultura de la inconsciencia y el latrocinio de un pueblo que había nacido sin cabeza, pero con la habilidad intrínseca de la sobrevivencia, ya que al no haber inversión para el desarrollo de la población, muchos seguían creyendo que una residencia Estado Salva dórense, valía más, que una carrera Universitaria y los paupérrimos que no tenían ni para hacer turismo interno, continuaban "haciendo rayas en el cielo", " arando en el mar", o buscando consuelos en las parroquias, y al no tener otra alternativa que no fuera suicidarse o delinquir, buscaban la manera de ser enviado a la cárcel porque así, creían tener más esperanzas o de comerse al día, un plato de harina de maíz, con un tarro de agua, que para ellos significaba más, que estar bostezando en la choza. O sea, para algunos la cárcel fue, el refugio de la esperanza, porque para los dormidos, auto esclavizarse era la esperanza de su auto-redención.

En el caso de los militares, consagrados al servicio por algo, diferente al amor a la patria, se las pasaban con las caras, encogidas muchas veces por el hambre, y otras veces para parecer más feos que los haitianos que intentaban cruzar la frontera, para evitar que aquellos les faltaran el respeto, porque algunos Dominicanos pensaban que si sonreían o eran simpáticos, con los de más, aquellos, iban a tomar la confianza de faltarle el respeto, creyendo que ellos eran débiles por eso decidían estar con las caras encogidas y silenciosa, sobre todo cuando estaban guarecidos en un cuartel, ya que no tenía otra tarea que no fuera luchar para que los haitianos no cruzaran la línea fronteriza, porque desde los tiempos de beligerancia con los invasores no tiraban un tiro que no fuera con el propósito de ahuyentar a los huelguitas cuando intentaban presionar al gobierno para que abaratara los precios de la canasta familiar, o para que bajara la gasolina o les aumentara el salario a los profesionistas.

Por su parte la policía, cuando no andaban "macuteando", entiéndase aceptando sobornos andaban detrás de los pobres que se robaban una gallina para comer, ya que la policía no se atrevía a encarcelar a los saqueadores del erario público dejando la impresión de que todos los que trabajaban para el gobierno, eran cómplices, y siempre que pagaran peajes, todos se hacían una tumba, y veían y se hacían los ciegos, y oían y se hacían los sordos por eso de que " jefe no molesta", y lo que usted diga lo hacemos.

En el caso de los policías, algunos de ellos habían caídos tan bajo, que en una ocasión un hombre llamó al nueve once ((911) para denunciar la presencia de ciertos ladrones, primero dijo que era un ladrón, y luego que eran dos, pero cuando el 911 llegó, descubrió que los ladrones eran dos policías, todo aconteció del siguiente modo:

El 911 se había movido rápido y el sargento sabino preguntó:

----- Dónde está el ladrón? ---- Cuestionó.

----- Mírenlo ahí, oh, no es uno, son dos mire al otro ahí.---- Dijo Farfán indicando con el dedo al otro policía.

---- Cómo va a ser, usted no ves que son policías?---- Expresó el sargento Sabino;

----- Comandante, lo que hay es un mal entendido, nosotros somos los que patrullamos la zona, y estábamos en el otro lado y escuchamos un grito y vimos las luces prendidas y la puerta abierta y pensábamos que era una emergencia y entramos. ----- Alegó el primer policía.

----- Afirmativo, sargento, es tal y como lo afirma mi pareja:---- Confirmó el segundo policía.

---- Pero cómo vas a ser, si yo no he visto a nadie fuera de ustedes. ----Alegó Farfán que cuidaba y vivía en la casa, que era de una hermana que residía en Nueva York.

---- Seguramente el ladrón se percató de nuestra presencia y salió huyendo.----- Dijo el segundo policía.

------ Bueno ya, esto se queda aquí, la policía es la policía, y no podemos dudar de ella, porque sería dudar de nosotros mismos.---- Afirmó el sargento Sabino.

---- Pero sargento.... ---- Intentó argüir Farfán.

---- Ya, te dije que somos la policía, no tengas miedo que aquí no hay ladrones, sino un mal entendido, vámonos que aquí no ha pasado nada.--- Dijo el sargento Sabino, yéndose del lugar juntos a la policía.

El sargento relevó a los policías que supuestamente andaban patrullando, aquellos que habían entrado en la casa de Farfán, y dejó dos en el lugar de ellos, de los que habían ido en el servicio del 911.

A partir de ahí el prestigio de la policía nacional empezó a decrecer, y se vieron obligados a nombrar a un director de la policía originario de España, quien respondía al nombre de Mayor general Eduardo Alberto Then, quien se inclinaría a adecentar la imagen de la institución, logrando sorprender y destituir a una enorme cantidad de forajidos uniformados.

Los Dominicanos se habían vuelto tan cretinos, que habían perdido la capacidad de auto dirigirse y regir sus propias instituciones.

Nada de esto era casual, ya que muchas veces se veían tentados a delinquir entre ellos, disque para estirar el salario como aconteció con el coronel Chaplin Quintín que siendo director de micro tráfico en el (TICAN) un departamento dedicado a perseguir a los vendedores de drogas al detalle, él había dotado a dos mellizos con carnet y pistolas de policías, sin ser policías, los mellizos se burlaban cuando el teniente intentaba amonestarlos, pero el coronel ya le había advertido que no se metiera con su gente.

Los mellizos eran quienes hacían el trabajo sucio del coronel, aquellos insistieron en hacerle creer al coronel, que el teniente no sería una garantía para el negocio, por lo que el coronel había cancelado al teniente.

Unos días más tarde el coronel apareció por el supermercado clodiful acompañado de un sargento que funcionaba como su guarda espaldas, un periodista que lo vio lo había cuestionado sobre quien era ese sargento que lo acompañaba, y el coronel le afirmó que aquel era quien lo cuidaba.

Después de lo acontecido, habían capturados 1500 kilos, pero la ambición del coronel había crecido por lo que aquel desapareció los 1500 kilos, para venderlos y resultó que se realizó un operativo donde cayeron un teniente, un cabo, y un capitán, y el sargento que trabajaba con el coronel, y los mellizos.

Debido a la investigación aconteció que los policías tuvieron que denunciar al coronel, lo que indujo que fuera cancelado, sin embargo un tiempo después de salir de la cárcel, el coronel y sus cómplices habían pagado para desaparecer los expedientes, lo habían dejados como que si nunca hubiesen caído presos, por lo que pudieron obtener visas para ausentarse del país, instalándose en España.

El país no se detenía en su carrera de corrupción pues unos años después realizaron otro operativo contra el narcotráfico donde se incautaron 16 kilos, y dos mil millones de pesos, usaron 71 fiscales y mil trescientos agentes de seguridad que incluían patrullas mixtas de policías (licer, topos), era una especie de departamento elite en la policía , además los servicios de hábiles departamentos militares como el G-2, DNI, M-2, de la armada, A-2, de la fuerza Aérea, J-2 del ejército, todos los departamentos militares estaba allí, y a pesar de la tanta vigilancia, dos agentes de la policía, habían optados por introducirse entre los chalecos, algunos millones que serían evidencias, pero las grandes cantidades de cámaras los habían registrados en sus movimientos, e inmediatamente habían sido arrestados y destituidos deshonrosamente.

Las generaciones ascendentes seguían heredando los males sociales que no se detenían ni siquiera en las instituciones que estaban llamadas a poner el orden y mostrar el ejemplo.

El caso era que ya fuera en la Republica Dominicana o en Nueva York, algunos Dominicanos estaban relacionados con personas que deshonraban su condición de inmigrantes, porque muchas de las personas a las que ellos le servían, eran delincuentes comunes que habían logrados ascender en las esferas gubernamentales y estaban haciendo un uso inadecuado de su poder.

La poca atención a la población y la inconsciencia de algunos sectores gubernamentales, habían permitido que miembros de la delincuencia organizada se endiosaran frente a los ojos de algunas habitantes sectoriales, del país al grado de permitir que el dinero generado por sectores delincuenciales suplantara la inversión que el gobierno debía hacer y no hacía, como había sucedido con un ente apodado "Kiko la quema", que por mucho tiempo había ayudado con medicamentos y raciones alimenticias a ciertas personas de poblaciones de Haina y San Cristóbal, y a la hora de que fue requerido por la policía para que diera cuentas de algunos de sus actos delictivos, la población agradecida por los favores recibidos, en vez de cooperar con la policía, para su captura preferían dedicarse a ocultar al delincuente, aun cuando la policía y hasta el mismo presidente L Abin, les habían pedido que se entreguara si no quería que se le aplicara el 99, que era el numero clave para anunciarle la muerte, hasta que su negativa lo condujo a caer abatido por las balas de sus perseguidores.

En nueva York el crimen organizado había infiltrado algunas oficinas de Dominicanos predispuestos a realizar trabajo sucio, y hasta querían cobrar cuotas por servicios que no habían prestados, pero como Dios ha sido gracia y glorificación todos los hombres de fe, seguíamos de pies por su grato amor.

La condición humana de los sentimientos, no son definidos por creencias o religiones, sino por la facultad del espíritu en función de lo que se escogió antes de la encarnación, sino se permite la desviación planteada por el libre albedrio, ya que el libre albedrio puede dilatar lo escogido o asignado, pero no puede eliminarlo ni cambiarlo, por el contrario puede llevarlo a agudizar la acumulación karmática según las acciones emitidas en el libre albedrio.

No obstante si recurrimos a ensayar acciones positivas que favorezcan nuestra condición existencial, el libre albedrio no nos llegaría a golpear, debido a que todo se manifestará en función de cómo usemos la expresión, la palabra es para crear, sobre todo cuando Dios nos hizo a su imagen y semejanza, semejanza en el espíritu, no en la imagen, por lo mismo decía Jesús, "no es lo que entra por la boca lo que hace daño, si no lo que sale de ella." .

Es decir, debemos saber lo que vamos a decir y cómo vamos a expresarnos.

Por ejemplo para la salud del cuerpo se puede decir un mantra de preservación que en el libre albedrio no afectaría la existencia:

Hoy renazco en la salud, y en la juventud, en el nombre del imperecedero amor, hoy y por siempre. Hasta la eternidad, manifiesto la divinidad, porque soy portador de ella, y estoy saludable y en salud, y sigo eternizado en la juventud, en el nombre del yo soy el que yo soy, amen, amen, amen.

Soy opulento y la riqueza se manifiesta y permanece en mi espíritu, abro los cielos y manifiesto en la tierra, la eterna riqueza de mi alma y de mi vida, y la plena salud de mi cuerpo, mi espíritu y mi alma, hoy, mañana, y siempre y por toda la eternidad, amen, ame, amen.

Este tipo de expresión, es un ejemplo sano, para muchos que usan las palabras para auto- maldecirse, y principalmente para algunos dominicanos que suelen recurrir a ese tipo de persona que en su cotidianidad hace el peor uso de su expresión.

CONFE, FINO, Y DANILO.

Regularmente muchos Dominicanos habían asumidos la naturaleza de la burla como un himno de desahogo, a tal grado que lo hicieron parte de su cotidianidad.

Muchos de ellos se regocijaban burlándose de los demás, sin inmutarse.

En una ocasión tres amigos y vecinos , que respondían al nombre de Confe, Fino y Danilo, interactuaban y trabajaban juntos.

Confe, era la distracción de Fino y Dabilo, debido a que Fino y Danilo vestían mejor que Confe, quien solía desplazarse en chancleta, a cualquier lugar a donde se dirigiera, por lo que Fino y Danilo se reian a carcajada por la ocurrencia de aquel.

Lo que ocurría era que los burlones vivían el día a día, y todo lo que conseguían lo extinguían en vanidades, y había pasado el tiempo hasta que llegó el día, que Confe el que andaba en chancletas los superó a los dos, y empezó a vestir mejor que ambos, pero lo que sucedió fue que el que andaba en chancleta optó por sacrificarse por un tiempo para ahorrar, comprar su casa y poner un negocio, y cuando lo logró, entonces invirtió en todo lo que ameritaba su circunstancia, y alecciono a sus burladores, quienes andaban boqui abiertos y sorprendidos n ignorando que la vida había planteado la expresión de que "quien riera último, reiría mejor".

En realidad, mientras más se vive, más se aprende, o mejor dicho mientras más he vivido, mas maldad he percibido, el cambio de este mundo, ya viene en el camino.

Es tiempo de despertar, lo que yo traigo asignado, nadie lo puede desviar, es tan grato el universo, que hasta la vida escogida, la puedo narrar en versos,

En el caso de Jesús, a los treinta y tres se fue, hoy la edad yo le doble , hoy renazco al comenzar, mi juventud con la luz, que ha superado en el tiempo, el símbolo de la cruz.

Porque respecto a la temática será grato decir que felices y contentos, se afirmara lo cierto que aun con sesenta y seis, seremos como huesos difícil de roer.

Pues, como les comenté … No lo recuerdo muy bien, pero lo reiteraré, la verdadera razón era que el lugar donde yo estaba era cloaca de ratas, intenté correr de allí, para empezar a sufrir, llegando al nuevo lugar, me creyeron criminal, y en la cárcel con barrotes me quisieron encerrar, del Karma que trae la vida, nadie se puede escapar, y entendiendo mi inocencia, no me pudieron juzgar, me sentenciaron en otro con carrera criminal, de las garras del gobierno Dios, me pudo rescatar.

CAPITULO XXXVIII

INPREDECIBLES JOCOSIDADES.

Mi corazón no admite tantas maldades, como las que esos desgraciados han fomentados, en una sociedad de justicia radical, esos enfermos serian capturados y fusilados.

Entonces desde New york viajamos a santo Domingo, y caminando en la ciudad, llegamos Tom, farfán y yo, a la proximidad de un colmado donde se Expedia cervezas, habían mesas a lo largo de la esquina adornadas de botellas verdes y muchas sillas, a donde se sentaban los parroquianos, en una calle cerrada para tal fin.

Mientras buscábamos un parqueo salió de la nada un motorista con un haitiano colgado, que casi es chocado por Tom que va conduciendo un carro asiático, Farfán que se percató de la maniobra de aquellos lo llamó a la atención de una forma sutil:

----- Oigan par de pitises, si siguen atravesándose así los van a matar.

----- Ten mucho cuidado, que el haitiano es él, yo soy Dominicano, él me está pagando para que lo lleve.---- Argumentó el conductor del motor.

----- No es mucha la diferencia, al fin o al cabo, los dos son prietos azules. ---- Agregó Farfán.

El haitiano sacando el dedo del medio algo inmutado, masculló:

----- Fuck you.---- Dijo como si se liberara de una gran tensión.

----- Coño , ese maldito habla inglés, nos insultó en el idioma de los gringos.-----Arguyó Tom.

----- Cáele atrás para que no jodas.---- Dijo Farfán.

----- No,no,no, no vamos a perder tiempo.---- especificó Tom.

El haitiano que miraba de reojo a los del carro como adivinando una posible trama en su contra insistió con el motorista:

----- Dale Dominica, cole, no vayan a tilarnos el calo aliba. { En realidad lo que quiso decir, fue:---- Corre Dominica no vaya a tirarnos el carro arriba}

El motorista aceleró desapareciendo fuera del alcance de nuestras vistas, y nosotros encontramos a donde parquearnos.

Y al aproximarnos al lugar, vimos decenas de mesas llenas de botellas verdes, de unas que les llamaban yumbo, y pequeñas.

Todos bebían en vasos desechables, y los hombres que no estaban acompañados, bebían a pico de botellas.

Enseguida caminamos hacia el mostrador, Farfán se dirigió al dependiente y le secreteo al oído que nos adjudicara una mesas y que nos sirvieron tres cervezas, pero como yo no era muy amante de la bebida, pedi una gaseosa regular, por si los parientes se embriagaban, pues conducir yo, para mayor seguridad.

Un combo show situado en la otra esquina afinaba los instrumentos para animar el ambiente, sin embargo una vellonera sonaba una que otra bachatas hasta que llegado el momento el combo show empezó a tocar un merengue titulado el " EL GUERE, GUERE" y las letras decían:

EL GUERE, GUERE

["Caminaba en un lugar sin saber a dónde iba.

Y me encontré con don Dante, quien me caminaba alante.

Le pregunté dónde iba con su acelerada prisa,

Me dijo que iba con Martha, que solicitó una danza.

Y en la casa bailarían en presencia de María.

Lo miré y le sonreí, y Dante me dijo así:

Todas las mujeres quieren, que le den el guere, guere.

Que se lo bailen de frente que se lo bailen de lado,.

Que la salten por encima, y la pasen por debajo.

El guere, guere, es un perfume, que pone manso, al que presume .Todas las mujeres quieren, que le den el guere, guere, que lo pongan por arriba, y lo pongan por debajo.

Con la certeza del tiempo, que ellas no querían relajo.

Escalera suben, escalera bajan.

Todas las muchachas, están deleitadas.

Tigueres del guere, guere, se lo dan a las mujeres.

Tigueres del guere, guere, se lo dan a las mujeres.

Todas las mujeres quieren, que le den el guere, guere.

El guere, guere, el guere guere, era de bien, para las mujeres.

Ponía mansito a los hombrecitos, y los inducias, a dar los chelitos.

Esa flaca es bella, esa flaca es rica, ella a mí me tienen como una esponjita.

Está delicada, ella es muy bonita, y quiero tenerla, para mi casita.

También ella quiere, ese guere guere.

Ese perfumito, para que yo esté, para ella solito.

Pa' que esté en sus manos, como un corderito.

Sin que sea una fiera, un hombre mansito.

Ella es jovencita, yo no un muchachito'

Pero mis chelitos me hacen ver bonito.

Y ella a mí me mira, como a un jovencito.

Tambien ella quiere, ese guere guere.

También ella quiere, ese guere guere.

Todas las mujeres las mujeres, quieren, que les den el guere guere.

Es un perfumito, que huele bonito, y a todos los hombres, los torna mansito.

El guere guere, es un perfume, que pone manso, al que presume.]

El caso era que el merengue era tan jocoso que hasta yo lo baile, al ver que tom y Farfán invitaron a bailar a las mujeres que estaban sin acompañantes en las mesas de los alrededores.

En verdad que aquel merengue se generó al centro de la populación, con unas letras y una rítmica, que solían decir los muchachos de barrio "que el merengue era tan contagioso que era bailado Por cuellos blancos y sacerdotes, de manera que algunos, lo bailaban con las monjas a puerta cerradas, y que los que creían que tal condición era pecaminosa, se azotaban con un látigo pensando que asi, expiarían las culpas porque tales acciones , muchas veces solían generarse en el libre albedrio de manera que ellos buscaban expiar todo pecado que indujera a la culpa, para desviar el karma existencial".

AIRE DE TRANSFORMACIO'N

Pasaron muchos años antes de que el poeta dijera:

"A los villanos y a los fraudulentos.

Se les está prendiendo un fogón por dentro.

Pronto caerán de su pedestal.

y acontecerá en lo natural.

y lo que han robado, lo retornarán."

FUIMOS DOS, ELLA Y YO.

Ella no sabía de mí, tampoco yo sabía de ella, su piel era tan rosada, tierna como la alborada,

Su sonrisa tan divina, que daba fuerza a mi vida, no sé cómo ella llegó.

Pero se habló de dinero, y esa expresión fue el consuelo, fue causa y motivación que nos premiara el amor,

Ella estaba en el destino, para disfrutar conmigo.

No podía ser usurpada al llegar a mi morada.

Mientras mayor inversión, más grande era nuestro amor.

No puedo decirle cómo, surgió nuestra conmoción, pero el dinero la indujo, a demostrarme su amor.

No importó que se ofuscara, ni que algunos murmuraran, yo tenía algunos años, y ella me los toleraba.

Y aunque muchos se opusieran, yo sería su primavera.

Yo era el nido en la porfía, y ella a quien yo quería.

Todas las otras querían, más ella solo existía, porque fue la asignación, que estaba en mi corazón.

Ella generaba amor, por eso surgió tan grande, no hubo forma de pararlo, yo soy su luz y su virtud, y ella es, mi juventud.

CAPITULO XXXIX

LOS HAITIANOS FRENTE A LA INMIGRACIO'N

Existe una terrible paradoja respecto al pueblo Haitiano y el Dominicano, mientras los Haitianos cruzan la frontera para ingresar a la Republica Dominicana, los Dominicanos aparejan las yolas para fugarse del país, para Puerto Rico o los Estados Unidos, a ellos no les importa morirse en el mar;

Lo que la Republica Dominicana ofrece a sus ciudadanos para sobrevivir, no es suficiente para que aquellos no quieran huir, en cambio lo que el Dominicano desprecia y ve como nimiedad para su sobrevivencia, el Haitiano lo aprecia y lo vislumbra como el manjar de su redención.

Es por eso que la lucha de lo contrario ha planteado que para salvarse uno, tiene que hundirse otro, y en la Republica Dominicana la teoría del quítate tú para ponerme yo, a lo largo de la historia, se ha radicalizado.

El Dominicano de frente al haitiano han vivido en una danza sin música, queriéndose y despreciándose, la historia ha generado enfrentamientos muy poco favorables respecto a la con fianza y el respeto que han debido tenerse los hermanos que comparten una misma cuna, sumándose a esos malos entendidos la afición religiosa, Haití con su vudú, su arcagé, y su magia negra, República Dominicana con su Basílica y su catolicismo que muchas veces tales diferencias inducen al fanatismo en ambos renglones de la población haitiana y la Dominicana.

PECULIARIDADES.

Cada principio y cada acción respecto a cultura y religión, identifica y separa a las poblaciones y uno y otros se muestran magos y protestantes tan enmarcados que en una ocasión un cibaeño tenía una hija y él pensaba que las escuelas del país no reunían las condiciones de enseñanzas como para que su hija se quedara estudiando allá, y huyendo de la tradición autóctona, la mandó a estudiar para Nueva york, y al llegar a Nueva York, ella encontró la barrera del inglés y optó por meterse a prostituta, y al regresar a la Republica la recibieron con una fiesta, en un intermedio el padre la jaló y le preguntó qué fue lo que ella estudió, ella le dijo que era trabajadora social, que ella suministraba trata miento a los hombres, pero el padre poco convencido le preguntó qué cómo era eso.?

Ella algo perturbada le contestó:

----- Es más, …. Yo estudié para prostituta.

El padre decepcionado le respondió, para prosti qué?....

Se me vas de mi casa, que le vamos a decir al señor alcaide, y a la tía búbala, te me vas, ¡qué vergonzosa vergüenza!

La hija empezó a llorar y respondió a su padre, lo siento papa, Nueva York, no es tan fácil como creen acá, pero algo bueno logré acumular, y un regalo grande le venía a dejar, pero pesa mucho para regresar, que hago con los trescientos mil dólares que le traje?.... Que hago con la avioneta? Y que será del botecito que dejamos parqueado en boca chica, en los alrededores de la matica.

La hija seguía lagrimeando y el padre la estaba observando, conmovido la consoló, y la hija se sosegó:

----- Ya hija, repítame a ver, que fue por fin lo que usted estudio?

La hija con timidez y entre sollozos le respondió, ---- ya yo le dije.

El padre le insistió:---- Repita otra vez.

La hija un poco consternada le respondió:

----- Yo le dije que había estudiado para prostituta.

El padre la abrazó y le dijo------ Oh, carajo, coño, si somos católicos, yo creí que había sido para protestante.

Esa es la realidad de muchos dominicanos, que aman el dinero y por tres pesos venden su dignidad y a su mamá, siempre que haya una oferta que le llegue, esa es su condición.

Por eso cuando un hombre extranjero enamoraba a una mujer dominicana, ella lo veía como una oportunidad para realizar sus sueños y el de la familia y buscaban las formas de conformarlo para una vez ella estuviera instalada con ese hombre forzarlo a que él la ayudara a sacar a su familia del país.

A veces le proponían que le permitieran rehacerse el cuerpo a base de una cirugía en una clínica de estética bajo el alegato que toda la belleza alcanzada con la transformación de su cuerpo iba a ser para él, y solían disputarse el "cocomordan" con las haitianas respecto a quien enamoraría y mantendría más tiempo a su lado, al hombre amado.

Y los hombres del país conociendo la psicología de aquellas le decían:

"Si te hicieras falta algo de comer.

ahora soy la fuente de tu abastecer

, te daré comida y te daré amor.

y tendrás conmigo cariño y calor.

Pagaré tu renta y te alejaré de las compraventas

y te entrenaré para conducir.

pa' que, no ande en guaguas y pare de sufrir."

Los hombres locales se dieron cuenta que algunas de las mujeres del país habían cambiado en mente corazón y alma, se habían vueltos interesadas y sólo le rendían culto a don dinero.

Las familias habían sufridos un revés, muchos hombres y mujeres emigraban y dejaban a sus hijos pequeños sin verlos crecer, los gobiernos del país Vivian vanagloriados con el dominicano ausente, pues a mayor ausencia, mayor divisas, permitiéndole a ellos embolcillarse con más facilidad, el dinero del erario público.

Muchas mujeres se habían dedicados a hacerse cuerpo porque de pronto en las mentes de ellas, creían que un cuerpo pre- fabricado en una clínica de estética, le seria "mejor" que el que habían escogido antes de nacer, y con sus gracias y sus tongoneos, convencían a algunos hombres extranjeros para que les pagaran las cirugías, y se arriesgaban, ya que algunas sucumbían en el intento quedando muertas en el quirófano.

Como pueblo, el dominicano tenía un sorprendente auto estima, entrenado para pasar necesidades y esperar solución con paciencia que no siempre llegaban.

La mayoría de ellos era gente simpática, burlona, y se creían lindos aunque fueran feos.

"Estamos aquí, yo soy muy feliz,

y aunque no lo crean,

hoy me divertí"

Muchos Vivian poniéndoles zancadillas a los otros para evitar que se le fueran adelante, si un vecino ponía un puesto de "Yaniqueques" para ganarse la vida, el vecino del frente creía que él también debía poner otro para hacerle la competencia, es decir, algunos eran envidiosos con sus correligionarios y serviles frente al extranjero, menos con el Haitiano, muchos se sentían superior a esos morenos del este de la Isla.

No obstante, el Dominicano era el único "negro" que se despreciaba a sí mismo, perdón quise decir el único ente, porque si tu llamas negro a un dominicano aunque sea un "negro azul", él te va a responder que no es negro porque su abuelo era blanco, "que el negro es comida de puerco" y así por el estilo. El negro Dominicano era totalmente diferente al negro Estadounidense, que decía con orgullo que "lo negro es bello y para ser negro había que tener dinero".

El Dominicano históricamente buscó una muletilla que le impidiera aceptar la condición de negro, por lo que hasta en la cédula de identificación personal, se le definía el color de la piel como indio claro, indio oscuro, o blanco, porque ellos se negaban a ser negros, todo esto había contribuido a que el Dominicano no se sintiera cómodo frente al Haitiano, por eso desde siempre vieron como una aberración, la unificación de las dos culturas en una Isla "indivisible", porque ellos entienden al Haitiano como "caníbal, brujo e inclemente, capaz de quemar y comerse a su propia gente. "

Si al Dominicano le ofrecieran la Basílica de Higuey y el Arcajé de Haití, optaría por la Basílica, el Dominicano ve el Arcajé como una gruta de rendirle honor a lucifer, donde se convierten a los humanos en zombis y animales, donde se fabrican criaturas demoniacas como el baka, que roba las flores de las cosechas de los agricultores y roba dinero de los Bancos para enriquecer a sus dueños, que ya han pactado con el diablo, según la creencia folclórica de la nación. Por lo mismo el dominicano los 21 de eneros organizaba las grandes procesiones rumbo a Higuey, donde moraba la virgen de la Altagracia, la protectora del pueblo dominicano, a fin de que los reflejos de la magia negra del pueblo haitiano, no pudiera reflejarse en la condición cultural de los dominicanos, a pesar de no poder escaparse de la creencia de que los bakas son fabricados a través de la magia negra del Arcagé o basílica o catedral de la magia negra, o lo que es lo mismo, de la religión Vudú, siendo esto un prejuicio frente a la religión católica que profesan los dominicanos, contrario al vudú que practican los Haitianos.

Estas contradicciones culturales le impide al pueblo Dominicano aceptar la unificación con el pueblo Haitiano, amén de los conflictos históricos que habían sostenidos los dos pueblos, veinte y dos años de Haití como invasor de la nación Dominicana, se dice que durante la ocupación Haitiana se generó un periodo de gran opresión al pueblo que 22 años después lograría desalojar a los invasores de su terruño, para arriarlo a la parte este de la Isla donde fundamentaron la existencia de la Republica de Haití, que ya había sido proclamada dentro del territorio del Santo Domingo Español sin oposición, pero una vez en el este de la Isla, permanecerían hasta nuestros días,

A pesar de la pobreza que se le reconoce al Haití de hoy, Haití había gozado de muchos privilegios incluyendo el honor de ser la primera República negra Independiente del mundo, al derrotar a Napoleón y a los colonos Franceses que usaron manos de obra de esclavos. Para esos tiempo a la hora de referiese a la republica Dominicanam nadie la conocía porque Haiti tenia absorbido al país con su creencia de que "la Isla era una e indivisible"

Así fue como en 1803, los Haitianos habían logrado ganar la Batalla de vertieres a finales de ese año, mediante el cual lograron alcanzar su libertad. Sin embargo más adelante Haití tuvo que pagarle a Francia por su independencia 150 millones de francos, en un periodo de cinco años, habiendo iniciado su primer pago con 30 millones de Francos, lo que indica que pagaron una cantidad seis veces mayor a los ingresos anuales que recibía el estado Haitiano de ese entonces.

Es una gran paradoja respecto a la condición económica del Haití de hoy, con lo que fue en el pasado cuando se le llamaba la joya de las Antillas, por ser la colonia más rica del mundo, por allá por la década de 1750, donde proporcionó el 50 por ciento del producto Nacional Bruto de Francia.

CAPITULO XL

DICTADURA Y CONTROL

Todas estas riquezas se manifestaban a través del azúcar, el cacao, el café, el añil, el tabaco, el algodón, y otros productos exóticos, etc.,

Como la mayoría de los negros, Haití había atravesado una serie de vejámenes que solo se toleraban cuando habían sido escogidos como karma, había caído bajo el foco del dictador Dominicano Rafael Leónidas Trujillo, un ente poco identificado con la misericordia, perseguía y torturaba a sus opositores, conjuntamente con su cúpula militar, de la cual mantenía un control prodigioso a través del terror y la manipulación, Por lo que había inducido a su cúpula al terror y decapitación de todo aquel a quien se le dificultara pronunciar la palabra perejil sin acento.

El genocidio que el dictador Rafael Leónidas Trujillo, había enarbolado contra el pueblo Haitiano, en 1937, con las radicales decapitaciones, sin que nadie pudiera evitarlo, habían logrado teñir de rojo las aguas del rio masacre.

En octubre de 1937 Rafael Leónidas Trujillo dictador y presidente en ese entonces, había ordenado al ejercito dominicano asesinar a todos los haitianos que osaran cruzarse en su camino, incluyendo a los que vivieran o se aproximaran a la frontera Noroeste que delimita a la República Dominicana con Haití.

Se cree que la decisión del genocidio contra los haitianos en ese entonces había sido motivada por la ocupación de territorios Dominicanos por haitianos desde el siglo XIX y que continuo durante el siglo XX, a pesar del tratado en materia territorial acordada por ambas naciones en i929.

Durante ese tiempo se agudizó la intolerancia frente a la inmigración haitiana, estableciéndose los denominados tres golpes que consistían en:

La cédula de identificación personal, el papel de certificación de haber realizado el servicio militar obligatorio y el carnet de miembro del partido Dominicano (P D) o como solían llamarlo "la palmita".

Sin embargo debemos reconocer que a lo largo de su historia, el pueblo Haitiano nunca había sufrido tanto por ninguna otra nación, como el sufrimiento causado por los vejámenes recibidos durante la dictadura de Trujillo, de quien se dice que era tan cruel que solía acudir a diferentes métodos de tortura tales como la silla eléctrica, sanguijuelas, las pirañas y los tiburones entre otros.

Cuando pretendió exterminar a todos los haitianos existentes en tierra Dominicanas, no se percató que se había excedido en número de manera que por las presiones de la OEA, y otros organismos, así, el 31 de Enero de 1938 acabó firmando un acuerdo con el gobierno Haitiano, mediante el cual se comprometía a pagar una indemnización al pueblo Haitiano a través de Estenio Vincent el presidente Haitiano en ese entonces, habían acordado una compensación económica de 750.000 dólares, de la cual solo había llegado a pagar 550. 000.

No obstante, el dictador se justificó haciendo pasar la masacre antes la opinión pública nacional, como un acto patriótico y dijo:

----- "Si mis manos se han manchado de sangre, ha sido para salvar de la haitianización el país de la generación de ustedes".----- Expresó.

Todo aquello había acontecido porque en ese entonces los Estados Unidos había recordado una cooperación que el pueblo Haitiano cuando Toussaint L'Ouverture habiendo logrado salir de la esclavitud, entrenó y guió al medio millón de esclavos Africanos de Haití, a una victoria tras otras, sobre Francia e Inglaterra durante más de una década, contribuyendo a que Estados Unidos se mantuviera libre de la dominación Europea.

Por lo que Estados Unidos que no había olvidado la acción de aquellos tiempos, con la colaboración del secretariado de la Organización de Estados Americanos, agrupadas juntos a los amigos de Haití, incluyó a Canadá, Francia, Venezuela, Chile y Argentina que también se habían agregados para presionar al dictador a indemnizar al pueblo Haitiano.

Desde ese momento Trujillo quiso asumir una postura Nacionalista, por lo que el dictador buscó la manera de saldar la deuda externa, y para ello creó una deuda interna que luego había sido honrada con dinero inorgánico, a través de compromisos que no tenían el peso de responsabilidad que se asumía con un gobierno extranjero, al tiempo que tenía el control general de la administración de las aduanas.

Durante la dictadura de Trujillo, el régimen se mantuvo a sangre y fuego, más de 50.000 personas habían sido asesinadas, entre las que se destacan 17,000 haitianos residentes en la Republica Dominicana durante la matanza del perejil, agregándose a ello el secuestro y asesinato del exiliado vasco Jesús de Galindez, y el asesinato de las hermanas Mirabal.

Durante su mandato, la economía del país se mantuvo a flote, aunque se tenía la impresión de que Trujillo era el País, ya que él estuvo en la producción de leche, carne, azúcar, tabaco, madera y la lotería Dominicana.

Precisamente en el año 1937 el ingreso per cápita de la administración trujillista, oscilaba en un millón y medio de dólares, mientras para el año 1940, se había adueñado de las mayorías de las empresas del país, generándose un monopolio nacional.

Había asumido el poder en 1930 y se prolongó hasta el año 1961, cuando había sido ajusticiado por grupos internos de beligerantes que habían sido azotados por la tormenta de sus acciones dictatoriales.

Eisenhower que entendía que Trujillo bien podría fraternizar con Fidel Castro y hacer de la Republica Dominicana un bastión del comunismo en el hemisferio occidental, ordeno a la CIA montar una operación encubierta para facilitar la logística a los posibles conspiradores, a fin de lograr el derrocamiento de Trujillo.

Entre los participantes en la conspiración que dio al traste con el dictador Leónidas Trujillo, estuvieron el teniente Amado García Guerrero, Huáscar Tejeda Pimentel, Roberto Pastoriza, Modesto Díaz, Salvador Estrella Sadhala Y Luis Manuel Cáceres, habían sido llevados a la hacienda María, propiedad de la familia del dictador, a donde Ramfis Trujillo había cobrado venganza, asesinándolos a todos, y desapareciendo sus cuerpos.

Antonio Imbert Barrera, Luis Amiama, ambos fueron sobreviviente de la cacería desatada.

CAPITULO XLI

El ignorante vive a merced del malicioso.

El malicioso busca la forma de manipularlo.

Para la auto-destrucción.

En cambio el sabio, busca despertarlo.

Para la auto-formación.

EVASIO'N Y CORRUPCIO'N ADUANAL.

Frecuentemente los funcionarios Dominicanos sean civiles o militares, les encantaban las posiciones claves donde ellos pudieran incrementar sus salarios, por lo que el chino Lincoln Lee, que tenía una joyería que solía abastecerse con prendas ingresadas del extranjero, solía sobornar al ministro de aduanas coronel Chaplin Mendosa para que le permitiera introducir su cargamento sin revisión aduanal por lo que ese día 20 de enero, en la víspera del día de la Altagracia el sargento rondón se le vio sacar en tres viajes, seis bultos de manos, obviamente fletados de prendas el capitán Guzmán prestaba servicios pero no decía nada, el sargento Rondón llamó al coronel y le comentó lo que estaban pasando, el coronel le pidió al sargento que le preguntara al capitán qué fue lo que él vio, pero al preguntarle el capitán le respondió que no le tirara "gancho" que el vio lo mismo que él había visto, el sargento le informó al coronel lo acontecido, entonces una vez concluido su servicio el capitán Guzmán se había quedado en el parqueo limpiando los cristales y el frente de su carro con una lanilla, y justamente cuando intentaba retirarse apareció el sargento con un sobre y le dijo:

----- Oh, qué bueno que lo encontré capitán, aquí le mandó el coronel este sobre.----- Dijo el sargento.

------ Ponlo ahí. ----- Respondió el capitán Guzmán.

El sargento obedeció al capitán, dejó el sobre donde le había ordenado su superior, y se retiró, haciéndole el saludo.

El capitán Guzmán abordó su vehículo, salió del aeropuerto las Américas y transitó la autopista del mismo nombre y en la primera cafetería que encontró en el camino, se detuvo pidió una cerveza y mientras se la servían entró al baño del lugar donde aprovechó para verificar el contenido del sobre, cuando lo hizo se percató de que el sobre contenía 30,000 pesos, entonces sonrió cargado de satisfacción al tiempo que comentaba en voz altas:

------ Gracias señor, me hiciste el día hoy, yo no me esperaba esto.---- Dijo dando gracias a Dios, salió del baño y se encaminó al mostrador donde le esperaba la Jumbo verde, con una niebla blanca adherida al cristal, al notar la presencia del militar, el cantinero le abrió la cerveza que con alta satisfacción saboreó , al concluir esa que se había tomado casi de dos sorbos y a pico de botellas, pidió otra que engulló con la misma satisfacción y después de pagar se retiró.

En aquellos lugares, donde había movimientos productos de la corrupción gubernamental, si un oficial superior le hacía una oferta económica a un subalterno, si aquel se negaba muchas veces solía aparecer muerto, debido a que cuando alguien se negaba a involucrarse, y estaba enterado de lo que acontecía tendían a eliminarlo para evitar resultara un peligro o un encubierto que pudiera poner en peligro a los jefes envueltos en los actos de corrupción.

Valdez Valdemar, que también trabajaba en la aduana, se enteró por boca del capitán que el día anterior se había repartido un dinero allá pero que el sargento le había dicho al coronel que él hablaba mucho y que por lo mismo lo mejor sería que ni se le ofrecieran, entonces el soldado Valdez Valderrama en un momento de descuido encañonó con una pistola al sargento y le reclamó el por qué él había dicho lo que dijo y no le guardaron su parte del botín que se había repartido.

El sargento buscando persuadirlo le dijo:

------ Perdóname, baja esa pistola y evita desgraciarte tu vida y desgraciar la mía, yo tengo familia, yo no sabía que eso te iba a molestar en la condición en que te has molestado,----- Expresó.

El soldado se conmovió y después que pactaron bajó la pistola y siguieron trabajando tranquilos.

Unos días después había llegado un cabo silencioso, a quien el soldado Valderrama asignaba servicio, pero el cabo que debía vestir de civil debido a que estaba asignado a un servicio encubierto, no tenía ni ropa que ponerse.

Habían pasados unas cuantas semanas cuando de pronto el cabo había empezado a vestir de forma extravagante con ropas distinguidas que superaban las que podía costearse un policía, así que el sargento continuaba asignándole servicio pero el cabo no iba, por lo que se vio precisado a reportarlo con el capitán, el capitán Guzman le informo al coronel, pero aquel guardó silencio, luego el cabo se apareció con una Jeepeta del año anterior al que corría, con una ametralladora en las manos, unos meses después andaba en una Jeepeta del año que recientemente había entrado y otra ametralladora en la mano.

Cuando el capitán hizo el segundo reporte, el coronel le dijo que lo deje quieto porque ese cabo estaba al servicio del general, un tiempecito después el cabo fue removido a otra institución y aquellos que estaban algo preocupados dejaron de verlo.

Había pasado el tiempo, y hubo un cambio de Gobierno donde el coronel Chaplin había sido trasladado a la comisión de Investigación de sustancias peligrosas allí tuvo un desempeño sospechosos debido a que en más de una ocasión atrapaba cargamentos de drogas y solo reportaba una parte de lo alcanzado, y en ocasiones lo negociaba con la competencia de los grupos capturados, sin embargo el sargento aun permanecía en el aeropuerto de las Américas y sucedió que un viajero había abordado a la república con cuarenta mil dólares en una maleta que había sido confiscada, debido a que viajero no lo declaró, cuando solo se permitía entrar diez mil pesos, pero esos cuarenta mil dólares no habían sido reportados a la sección de finanzas, sino que se guardó en un tramo de la sección de maletas, y Paco Chaco, el barrendero del día de la confiscación se había percatado de lo acontecido y la movió del lugar donde el capitán la había guardado, entonces antes que el capitán estuviera al tanto del cambio del equipaje el barrendero la había depositado en un tanque de basura y la sacó como una bolsa que iría al basurero sin que pasara por el escrutinio de la revisión justamente cuando el sargento estaba de servicio.

Paco chaco el barrendero llevó la bolsa a su casa y se la entregó a su madre para que la custodiara, pero al pasar próximo al sargento mostró cierto nerviosismo que puso al sargento en un preaviso de que algo estaba sucediendo sin embargo el sargento no dijo nada y lo dejó pasar porque entendió que era la basura que paco chaco el barrendero pretendía tirar, pero cuando se percató por el alarme que el capitán había elevado pudo entender que esa bolsa no era basura sino el dinero, y estaba en manos del barrendero.

El sargento como ente agradecido le notificó al coronel para que trataran de recuperar el dinero, y aun que ya el coronel no estaba en aduana, el plan era pedir al barrendero que devolviera el dinero, y si se negaba le iban a sembrar drogas para arrestarlo y confiscarle el dinero como prueba de tráfico de drogas, el sargento y el capitán llegaron al lugar, pero como era un plan para recuperar el dinero y distribuírselo entre ellos, no avisaron a ningún fiscal de la operación entonces el sargento que ya tenía ubicada la casa donde vivía Paco Chaco el barrendero, se aproximó a la puerta de la casa de aquel, tocó y preguntó que quien era, pero cuando le dijeron que era la policía, ella se negó a creerlo y pensó que eran asaltantes que intentaban asaltarla, entonces gritó y pidió auxilio a los vecinos voceando que quería robarle, todo esto acontecía en el barrio las caletas donde en ese entonces hasta el gato tenía una arma de fuego aunque fuera clandestina, entonces los vecinos pensaron que eran asaltantes empezaron a disparar, viéndose entonces el sargento obligado a pedir refuerzo alegando que era un operativo y llegaron unidades de la policía del barrio y sectores aledaños y se armó una guerra de todos contra todos e incluso hasta los que regresaban de sus trabajo sin saber nada se vieron involucrados, el coronel que aún seguía dentro de la jeepeta buscando evitar los disparos mudó la posición del vehículo pero justo cuando la movió del lugar a donde la tenía parqueada y la colocó en sentido contrario, recibió un disparo en la cabeza, lo que agravó la situación y eran tiros que iban, tiros que llegaban, gente que entraba al barrio, gente que moría, habían matado a un coronel de la policía y ese día el barrio se encendía.

Entonces llegaron tanque de guerra que hicieron estruendos, al inclinar el cañón hacia arriba y disparar al aire, el barrio se silenció, los pistoleros se quedaron quietos y detrás del cañonazo al aire, apareció la prensa, una señora que acompañaba a un hombre en silla de ruedas se arrodilló, pidió a Dios, lloró, se estrelló, y dijo:

------- ¿Hasta cuándo coñasooo?.

En cambio otra a quien le mataron el marido que llegaba del trabajo vociferaba y decía:

=== Ay Dios, me han matado lo único que tenía, ay Rutinel, Ay Ruti, te me fuiste, que le diré a tu madre Sofía?.... Ay Dios, la policía me ha matado mi armonía, no hay un lugar donde ellos lleguen que no siembren lutos, ay Dios, y ahora qué hago, me han dejado viuda por la fuerza.----- Dijo.

La señora peregrina la mujer ofendida, la viuda herida, buscaba ser indemnizada por la muerte de su marido, pero la policía Dominicana hacían el trabajo con las unas, y apenas recibían un salario para mal comer, tal vez por eso Vivian enojados con la vida, entonces viendo lo acontecido, algunos programas de televisión se unificaron e hicieron algunos tele maratones donde se recibieron algunas donaciones para indemnizar mínimamente a las familias afectadas, la policía investigó el caso sin percatarse del motivo de tal acontecimiento.

Entonces llegaron ambulancias que retiraron los cadáveres que le serían entregados a los reclamantes y los heridos habían sido conducido a distintos hospitales.

Paco Chaco había vuelto al trabajo con normalidad para no levantar sospecha, y como su madre tampoco le contó lo sucedido antes del tiroteo, el capitán y el sargento se pusieron de acuerdo para presionarlo, lo tomaron en custodia lo introdujeron en el carro del capitán y lo encaminaron hasta los alrededores de boca chica y el capitán le habló en los siguientes términos:

----- Supongo que te has percatado de lo que sucedió recientemente en tu barrio, sabes quién tiene la culpa de esto?.... Tú.

Paco Chaco gagueó intentando alegar:

------ Pero yo, porque?....---Dijo, pero fue agresivamente interrumpido por el sargento.

----- Cállate, y dejas tu cinismo, entrega el dinero que te llevaste antes que el próximo muerto seas tú. El dueño de ese dinero que te llevaste es el general, si lo entregas te vamos a perdonar la vida, y dejaremos que preserve tu trabajo, sino lo hace se te vas a sembrar drogas, y tal vez no pase de un mes en la cárcel antes de que te maten.------ Dijo el sargento.

Paco Chaco sabia la seriedad de lo que se estaba hablando, y ni manso ni perezoso optó por aceptar la propuesta.

----- Esta bien, lo devolveré, lo llevaré al trabajo mañana.--- Dijo Paco chaco.

------ No, mañana no, nosotros iremos contigo a tu casa ahora mismo, el sargento entrará contigo, y tú le entregarás el maletín con el dinero, él lo va a contar, y si no falta nada, tenemos las órdenes del general de darte dos mil dólares de recompensa.----- Dijo el capitán.

Entonces lo hicieron como lo habían planeado, paco Chaco devolvió el dinero y preservó el trabajo, debido a la amenaza que recibió guardó silencio y se convirtió en uno de ellos, lo que los indujo a enlistarlo en la policía.

Así funcionaba el sistema, en la republica Dominicana, la corrupción frecuentemente obtenía el galardón.

CAPITULO XLII

OPERACIÓN RESCATE.

los villanos y a los fraudulentos.

se les está prendiendo un fogón por dentro.

pronto caerán de su pedestal.

y acontecerá en lo natural.

y lo que han robado, lo retornarán.

Regularmente, el dilema de la mafia contextual, era estudiar de qué manera iba a saquear a sus víctimas en general y luego se daba un tiempo para verificar si se dejaban, y así era como su locura y su maldad, no le permitían reflexionar.

Los sistemas donde los gobernantes tenían mentalidad criminal, se alimentaban, sobrevivían, y existían, por el crimen, por lo que frecuentemente tendían a perseguir al hombre serio y de trabajo, lo creían un peligro para sus injusticias y sus operaciones fraudulentas, en cambio, protegían y otorgaban licencia para matar, al delincuente operacional.

Algunos Dominicanos solían dársela de listos en cualquier renglón del universo, pero específicamente en New York, kroki pintura era un hombre aparentemente tranquilo, era pintor y desabollador en república Dominicana, pero Conoció a Kan, que desde Nueva york, como ya conocemos había desarrollado una vida delincuencial y obviamente desde el momento en que había llegado deportado a suelo Dominicano su destreza maliciosa lo indujo a sembrar el pánico y entre sus muchas travesuras se encontraban desafiar a las autoridades policiales,

Pero sin más preámbulo, veamos en qué había incurrido el bergante de mal talante:

Kan se había enterado que el teniente Abreu, preguntaba por él, debido a travesuras anteriores donde había participado, sin que lograran atraparlo, y como después de deportarlo solo lo habían encerrado por dos meses debido a que no tenía antecedentes penales en el país y nadie lo conocía ya que su verdadero nombre era Candilejo Álvarez el nombre que usaba era un simple apodo como quien dice, ya que él, se había dado a conocer como Kan, había llegado deportado a Santiago de donde después de agotar dos meses encarcelado había sido recibido por la prima y de ahí se trasladó a Santo Domingo Este, a casa de una novia que le había conseguido la prima y una vez instalado en la morada de su circunstancias, comenzó a sembrar el terror engañando, robando y confundiendo.

Ahora se había robado un carro que coincidencialmente, resultó ser de la propiedad del teniente Abreu, el carro era rojo, pero él le había pagado a Kroki pintura para que le cambiara el color, y aconteció que Kroki pintura lo había pintado de negro, y todo estuvo muy bien hasta que al regresar de parranda que ya conocemos habían sido interceptados en un punto de chequeo, que circunstancialmente, habia montado el teniente Abreu en el Santo Domingo este, pero veamos como aconteció todo:

Después de su noche de parranda, de regreso a su habitat donde al cruzar el puente Francisco del rosario Sánchez o puente de la 17, al sargento Kurli le pareció que un carro negro manejado por

Kroki pintura que precisamente andaba con su dueño, su amigo Kan, quien al mirar que a una cuadra estaban chequeando, se salió del carro diciéndole a Kroki Pintura que siguiera adelante que se juntaban más tarde, y se devolvió para el distrito nacional para evitar tener que dar explicaciones en el punto de chequeo, así que se escapó, pero ya desde lejos el sargento pudo visualizar el carro que traía Kroki pintura, por lo que le llamó a la atención el carro, que al aproximarse al punto de chequeo había sido apartado y el pintor interrogado después de haberle pedido la matricula del carro, sin que Kroki pudiera mostrarla, resultó que el carro que se le había perdido tres meses antes al teniente Abreu, estaba frente al sargento Kurli, quien había sido avisado y quien al enterarse de que el sargento le había recuperado el carro, saltó en la punta del pie, jugo con sándwich le dió, y en la frente lo besó.

Entonces como Kroki pintura cantó, dijo que Kan lo robó, y a pintar se lo llevó, pero que antes del chequeo salió, y del carro aquel huyó.

Kroki pintura lloró al ver que kan se fugó, lo metieron a la cárcel donde tres años cumplió, cuando él cayó lo ficharon, y un tiempecito después alguien su ficha limpió, por dinero figuró, que él nunca preso cayó.

Un tiempecito después la caravana abordó y dándosela de gentil, a Nueva York él llegó.

Una cristiana buscó para alcanzar protección y hasta Dios lo perdonó.

KAN FRENTE A SU ACCIONAR.

EL tiempo había transcurrido y Kan no había podido ser capturado por la policía, en ninguna de sus fechorías, por lo que nunca lo habían fichado, entonces mientras Kroki pintura estaba encerrado, Kan decidió involucrarse en actividades del barrio, donde conoció a petan Valdez, un candidato a diputado que al encontrarlo lo visualizo como una lumbrera de posibilidades y lo escogió para que fuera su mano derecha en una de sus campañas electorales, desde donde Kan empezaría a abrirse campo en el país.

Debido a que Petan Valdez, ganó la candidatura a diputado, Kan logró una posición como asimilado de la policía, de donde logró pasarse como encubierto del departamento de narcótico, desde allí pudo influir para la reducción de la sentencia de Kroki pintura, y más adelante cuando aquel logró la libertad lo relacionó con los fiscales, logrando limpiarle el récord, que le permitió entrar a los estados Salvadores, o lo que es lo mismo, a los Estados unidos.

Si un delincuente te intentaba asaltar, y en defensa propia lo lograba evitar, un caso fuerte querían fabricar, para a la cárcel, lo que tú no debía mandarte a pagar.

Todo quedaba claro, no hay que olvidar a Dios, por complacer al hombre, el hombre se alimenta de maldad y traiciones, y Dios te otorga paz, bondad, y bendiciones.

Víctor Muñoz, soldado de la Marina Dominicana, consideraba que la República Dominicana sólo había tenido dos presidentes auténticamente preocupados y comprometido con su pueblo, y se refirió sin inmutarse a Trujillo, y a Balaguer--

CAPITULO XLIII

Tendrá Dios que reciclar a la humanidad,

la maldad es una enfermedad,

que bloquea cualquier tratado de paz.

El PLANETA

A pesar de que el planeta tierra ha sido la casa del hombre por millones de años, este ni ha valorado ni cuidado su habitad de la forma que ha ameritado su condición, y por la ambición o el instinto animal de su genética, ha contaminado su medio ambiente y deteriorado su capa de ozono a tal grado que la gravedad de lo acontecido, amerita de la asistencia de emergencia de la creación y su creador, han querido desafiado a la naturaleza obstruyendo la condición de su evolución y han generado la gran jaula de su prisión, quebrantando la capa de ozono, han bombardeado las nubes para que no caiga nieve, sumándose a todo esto el robo de los recursos y las asignaciones de otras naciones, abusando del poder que otorga el dinero.

África ha sido la gran reserva de las mineras de oro y diamantes, y aun siendo poseedores, son más pobres, que los exploradores.

Muchas veces tales injusticias sociales, cuando obedecen a los dictámenes del libre albedrio, pueden generar rebeliones, pero si obedecen a vidas o asignaciones para espiar culpas karmaticas, de otras existencias, suelen generarse sin conflictos porque obedecen a la tolerancia por el Karma de los pueblos.

Hay naciones completas que se someten a tolerar actos esclavistas porque antes de nacer, habían asumidos pasar por tales penurias como pueblo. Como aconteció con el pueblo de cuba frente a Fidel Castro y los bloqueos de Estados Unidos, que pudiendo elevar la voz en masas por comida y mejores condiciones de asistencias humanitarias, y no lo hicieron, y continuaron sometidos a la mordaza, y aunque habían intentado en el libre albedrio de deshacerse de Fidel, no pudieron hasta que a aquel, se le llegó el momento del regreso por la vía natural.

Todo está definido en el camino, nada es casual, no se mueve una hebra de cabello sin la voluntad del padre.

La inmigraciones en masas hacia los Estados Unidos, es el inicio de la expiación de un Karma que llevara a la nación, hacia un cambio radical, porque a pesar de haber sido una nación de inmigrantes a partir del momento en que las inmigraciones se salieron de control, desde ese momento, todo dejó de ser igual.

Aunque los magos del planeta intenten erradicar todo lo que no le agrade, acontecerá todo lo que tenga que pasar

Regularmente el humano vive a merced tanto de lo de arriba, así como de los de abajo, que son los creadores de la alta tecnología, y los que y los humanos que en el libre albedrio se han inclinados a la destrucción en su afanada ignorancia, intentando dañar el habitat existencial, tal vez dejando de lado, que no podrán cargar en un ataúd, las grandes fortunas, tal vez se percaten tarde, que si continúan permitiendo por su ambición desmedida, que el planeta se siga agrietando, llegaran a entender que no tendrán donde seguir plantando las grandes bpvedas, de los grandes bancos.

Es tiempo que la excesiva malicias cese en la tierra y que dejen de crear crisis innecesarias endeudando a los sectores minoritario, porque el universo tiene un orden del que el planeta tierra no podrá escapar.

Los sectores de la elite, deben entender que no hay causa sin efecto , ni acción sin justificación, y que cada uno recibe lo que otorga.

Muchos de esos grupos quieren mantener el control y el dominio hasta de la conciencia de los pensadores, y están en un error, porque la vida en el planeta es selección, o asignación, y aunque en el libre albedrio se intente ignorar este tópico, es imposible, por la ley del planeta, y la limitación del plano.

Este comentario surge porque la elite, cuando surge alguien que se encamina hacia la opulencia, ellos lo obstaculizan tan drásticamente, que hasta para darle acceso a su propio dinero, le andan poniendo obstáculos, sin dejar de intentar despojar a los más ignorantes, como si cada cual, no trajera sus propias asignaciones.

Hay de todo en la viña del señor pero la creación es de equilibrio y de justicia, por lo que debe entenderse de forma Socrática, que "la práctica del bien es el medio más seguro para alcanzar la felicidad".

La paz, se alcanzará con bondad, nunca con maldad.

CAPITULO XLIV

Una ciudad y un estado,

Conspiraron contra un hombre,

tras una justificación,

sin encontrar la razón .

DELINCUENCIA Y TOLERANCIA:

La condición existencial del Dominicano, ha permitido que aquellos enterados sobre ellos, descubrieran su idiosincrasia, y entendieran que algunos asuntos demasiados serios, muchos de ellos solían tomarlo como un juego, esa era la razón de la condición alegre de aquellos, al momento de tomar una decisión que involucrara el futuro del país.

Vamos a mencionar brevemente una provincia de la Nación Dominicana que facilitó el progreso y el fracaso de un hombre de esos dominicanos que en ese entonces se atrevían, pero antes de él, hablemos de la provincia:

Elías piña, cuya nominación rinde honor a un hombre del mismo nombre: Coronel Elías Pina, nativo de comendador, y aún forma parte de las 32 provincias de la República Dominicana, estaba situada al oeste del país, en la frontera con Haití, aún hoy sigue limitada por Santiago Rodríguez, y la provincia de Da jabón, al Este, con San Juan de la Maguana, al sur con la provincia Independencia, y al oeste, por la Republica de Haití.

Aquel renglón existencial, tornado un patrimonio cultural de la nación , por la intensa frondosidad de sus vergeles, sus cuevas, sus cascadas impresionaban la esclerótica de los contemplan tés, induciendo al visitante a experimentar la majestuosidad de un paraíso terrenal, invadido del silbido de los pajarillos multicolores que entonaban un canto de glorifican tés vivencias

Debemos agregar que el municipio cabecera de la provincia de Elías Piña, se llama comendador, que a su vez, ha venido colindando por el norte con el municipio de Bánica, al este con la provincia de San Juan de la Maguana, de nuevo al sur con el municipio del llano y al oeste con Haití.

Aconteció algo que parecía jocoso hasta el momento de la verdad, me estoy refiriendo al caso de Kiri Ludovico, quién había empezado como chofer de una ambulancia introduciendo una que otras cosas de Haití al país, hasta contactar con los magos del narco tráfico, y se fue haciendo visible durante el gobierno de Hipo Mejí, y en cuyo gobierno había alcanzado el grado de Capitán.

su condición humanitaria lo había inducido a ayudar a los agricultores de la región, logrando posesionarse entre ellos.

Sus negocios lo habían llevado a la producción y exportación de soya en Elías Piña, a donde también había recurrido a la estrategia de prestar dinero a los campesinos, para la producción agrícola que envolvía las siembras de maíz, y habichuelas,

Además, el capitán Kiri había optado por invertir en una discoteca que por sus lujos, se había hecho famosa.

La discoteca se llamaba la franqueza, era una de la discoteca más atractiva de la región donde aquel, había invitado a unos de los bachateros de alto renombre en ese entonces, que donde se presentaba arrastraba multitudes.

Su nombre de alta fama era Antonio el Santo, quien a pesar de proceder de una familia de reducidas condiciones económicas, habia llegado a codearse con sectores de alta alcurnia en la nación debido a su talento, le había aportado riquezas que lo empujaron frente a otros hombres tan ricos como él.

La condición de alcurnia da modestia de Antonio el Santo, lo había conducido a advertirle a Kiri , que él no tocaba en el sur, y que cuando lo hacía solamente llegaba hasta Bani. ----- Kiri algo inmutado lo desafió indicándole que no se preocupara y que pida por su boca, lo que Antonio el Santo entendió como una actitud de buena voluntad.

Entonces Antoni el Santo insistió en ponerle objeciones tales como que para el cantar necesitaría público porque él no aspiraba a cantarle a las vacas.

El capitán Kiri, entendió que aquel que se disputaba el título de tarimas con un merenguero de ese entonces de nombre Ferneli Villalona a quien el pueblo había moteado con el aderezo de "Mayimbe," se la estaba barajando, entonces le respondió:

----- Le dije que pidiera por su boca, cumpla viniendo, y usted sabrá quién es el dueño del pueblo.---- Dijo Kiri.

Lo hicieron como lo acordaron y el capitán Kiri le regaló la entrada de la función a la población y dejó a la multitud oculta entre los matorrales, y unos que otros, entre vacas y guasábara, y cuando Antonio el Santo llegó y no vio a la gente intentó exasperarse:

---- Oye Kiri qué pasó, dónde está la gente, te advertí que yo no vendría aquí a cantarle a las vacas!

Entonces Kiri le respondió:

----- Tranquilo mi mayimbe, le dije que yo era el dueño del pueblo.---- Dicho esto, claqueó las palmas de sus manos y sonaron dos trompetas como en los antiguos regimientos militares, y al sonar las trompetas se generó una ceremonia de bienvenida donde el sorprendido fue Antonio el Santo, al ver que aparecía gente de diferentes direcciones que entraban a ocupar las mesas de la discotecas, y la multitud se integró tan grandemente, que hubo que cerrar las calles de los alrededores e improvisar mesas para sentar a los que habían quedados de pies.

El caso fue que la fiesta fue tan grande que no quedó una botella de licor en la discoteca sin ser tomada, y para recoger todas las mesas desplegadas en el pueblo, se gastaron tres días con sus noches, y para concluir a tiempo, se vieron precisados a integrar el precinto de policías, y unos que otros soldados de la jurisdicción.

El progreso de Kiri, había sido vertiginoso, tanto que hasta pista de aterrizaje tenía en la Elías piña de aquellos días, además de que su hacienda de Pedro corto se mantenía asediada por los pobres de la región debido a que llegaban a la puerta de aquella mansión en espera de que el Kiri regresara de la Universidad y lo viera merodeando, a fin de que le tendiera las manos, porque el Kiri siempre cargaba un maletín atestado de dólares y dinero Dominicano que tendía a repartir por puños a los pobres de la región el sur de los sures, con un astro rey que curtía la piel, con orquídeas encendidas y mareadas por el calor, en un Sanjuán que había sido resucitado por Dani Medí, otro de los presidentes que a pesar de la fugas de recursos que experimentó el erario público durante su gestión , después de Trujillo, en la era moderna, el sur no había visto ascender a otro de sus hijos, a la presidencia de la nación , y Dani Medí había sido un incentivo para la agricultura regional del sur, entonces pedro corto que era una renglón del sur, alojaba la hacienda de Kiri, quien a pesar de cultivar soyas y traficar drogas, fue otro de los que habían buscado el desarrollo del sur con pasión, y había incorporado en sus quehaceres la intención de suprimir el hambre regional, y sus habitantes se civilizaron, lo que fue silencio fue escandalizados, y los coroneles se habían atizados, con poca piedad, y con gran descaro, desde los presidentes hasta los generales, habían extraviados la ruta de sus deberes, y en una ocasión la prensa que frecuentemente solía estar al tanto de lo que sucedía, logró entrevistar al presidente Mejí, gobernante de ese entonces acerca de la pista de aterrizaje:

----- Señor presidente, que tiene usted que decir, acerca del reciente descubrimiento de una pista de aterrizaje en Elías piña? ----- Cuestionó el periodista.

Entonces el presidente Hipo Mejí, respondió con un sarcasmo, que sentó la impresión de que la pregunta hubiera sido un chiste y dijo el presidente alegremente:

----- Esa pista es para Kiri descargar su droga.

----- Muchas gracias, señor presidente.---- Respondió el periodista, y desde ese entonces, en el país entero se hablaba de la pista de Kiri, en Elías piña y cómo había crecido la" democracia" en el país, y a pesar de que la República Dominicana a lo largo de su historia siempre ha sido un país ideologizado, en ese momento confundieron la magnesia con la gimnasia, y la democracia con el libertinaje

Había pasado el tiempo, y todo era felicidad y diversión hasta que un día, el imperio de Kiri, se le vino abajo, a través de la operación "Big one".

Un día más claro que otros días acostumbrados, un cargamento era escoltado, de Elías piña a la zona franca de Santiago, había pasado todos los retenes, más el de la DEA, fue imposible saltar, los muros estaban altos y el dinero flotante no los pudo alcanzar.

para responder a sus grandes ingresos económicos, Kiri había ingresado a una de las Universidades del país a estudiar contabilidad, y justamente estando en horas de cátedra, le sonó el teléfono y recibió la noticia de que el camión cargado de mercancías le había sido incautado por la DEA

El caso de Kiri, se agudizó, al comprobarse que el camión transportaba 1,387 kilos de cocaína que se atribuía como propiedad del capi Kiri, o mejor dicho del ex - capitán del ejército Dominicano, y se creía que sería trasladada a territorio Estadounidense.

Sin embargo al momento de ser incautada, había sido interceptada en los al carrizos por agentes de la DNCD, entiéndase Dirección Nacional de Control de Drogas, a la hora de ser interceptado el camión el coronel Nin se mostró sorprendido alegando que a él lo estaban encaminando en ese camión, por lo que ignoraba que se llevara esa carga.

Entonces lograron ubicar la dirección donde el capi Kiri se encontraba dirigiéndose al instante al recinto universitario donde se encontraba el capitán recibiendo sus cátedra, donde había sido arrestado en el año 2004, y trasladado a una cárcel del departamento de control de drogas en conjunto con la Dea, en Santo Domingo, de donde en el 2005 había sido extraditado a Estados Unidos mediante el decreto 103- 05 emitido por el presidente Leonel Fernández, a una cárcel llamada la Roca, acusado de tráfico de sustancias ilícitas, y lavado de dinero en el sur de Nueva York, donde se hablaba de una posible sentencia de 10 años, donde en el 2014 había quedado en libertad, sin embargo la caída del capi, había involucrados otros imputados tales como :

Paulino Castillo, Pérez Ferreras, Cruz Crisóstomo, el coronel Nin Terrero, Cuevas Nin, Abel Burdiez, Faustino Perozo, Miranda Hernández, Ortega de León, Tavera Jiménez, Fátima Díaz, los mellizos Luis y David, paúl Ulloa, Samuel Rodríguez Cordero, entre otros.

A la hora de ser liberado Kiri, llevaba 8 años y once meses, se cree que todos los involucrados en el expediente del Kiri, habían sido entregados por él, por lo que le concedieron residencia Estadounidense a la familia del Kiri bajo el programa de testigos protegidos.

Los Estados Salvadores había buscado la manera de desmantelar tales organizaciones de narcotraficantes en la república Dominicana, alegando que debido a la debilidad del gobierno Dominicano en la persecución del narcotráfico, tales organizaciones criminales resultaban ser una gran amenaza para la región del caribe y estados Unidos,

Se dice que el Kiri había sido liberado antes del tiempo previsto, a través de una negociación sostenida entre la fiscalía federal estadounidense y los abogados del Kiri, debido a que al momento de ser interrogado el kiri había recibido una sobredosis de golpes, incluyendo un "sopla moco" o mejor dicho, dos palmadas entre los oídos que lo indujo a perder los reflejos auditivos, entonces los abogados del Kiri, habían amenazados con instalarle una demanda internacional, por lo que el Kiri pudo salir antes del tiempo ofertado, y con derecho a reclamar sus bienes en la Republica dominicana, donde no había sido acusado ni Juzgado, por lo que reclamó todas las propiedades incautadas.

Además después de haber quedado en libertad, el Kiri había reclamado públicamente al expresidente Fernández, la devolución de 200 millones de pesos, que presuntamente le había prestado, y de lo que al respeto, L Fern guardó silencio.

La población que siempre estaba al tanto para comentar, en esa ocasión tampoco se pudo callar y alegando a voces se expresó:

----- Bueno, aunque aquel no diga nada, dicen que el que calla otorga.

Un tiempo después, un sobrinito del Kiri al que llamaban Kirinito, que estaba condenado a 30 anos, de los que duro dos encerrados, después fungio estar enfermo de cáncer terminal al lograr adquirir un certificado médico, por lo que había sido conducido al hospital , de donde se afirmaría su muerte obteniéndole un acta de difusion donde un médico legista lo había declarado muerto, después hicieron la compra de una caja en la funeraria, a pesar de que nunca lo llevaron a enterrar, fue asi como Kirinito había desaparecido en el año 2006, sin que dejara rastro alguno, la esposa de aquel alegaba que su esposo había muerto, y que ella no diría donde lo habían enterrado, y como la republica Dominicana era una nación aparentemente donde el dinero tendía a cerrar la boca de todos los sectores, nadie había logrado aplicar la ley para inducir a la esposa a que indicara donde estaba la supuesta tumba, para que se hiciera una autopsia que desatara el mito sobre la desaparición de kirinito, el caso es que todo estaba en el aire debido a que no se había logrado descubrir donde estaba la supuesta tumba, sin embargo entre la población que integraba una opinión pública de lengua mordaz, comentaba que aquel, había logrado escapar a España con otra identidad, por eso de que el dinero hace milagro , sepulta, desentierra y construye mito .

Siete años después se escuchó un rumor de que los servicios de inteligencia, incluyendo a la interpol, lo tenían ubicado en Europa, sin embargo en ese mismo periodo todo había sido desmentido por el Departamento de Inteligencia Nacional, DNI.

De todos modos las aventuras criminales seguían su curso en el país, en el ano 2023, mediante la operación gavilan, se logro la captura de doce delincuentes infiltrado en institucione gubernamentales que se dedicaban limpiar las fichas de crminales peligrosos y radicales, habían sido capturados, entre ellos 12 empleados de la fiscalía, entre funcionarios y policías, la labor ardua y entregada de la procuradora Mirian German, había logrado desmantelar a grandes bandas delincuenciales, incautándoles grandes sumas de dinero, entre los delincuentes se encontraba uno a quien llamaban Ambiorix, de quien se presume que se había ausentado del país hacia Colombia, y de allí, se había trasladado a España, de donde supuestamente habia amenazado a la procuradora German.

Como hemos visto, algunos Dominicanos tienen un buen concepto de ellos mismos que muchas veces lo escucharemos decir: " coño macho, el dominicano cuando no la hace a la entrada, la hace a la salida", pero eso no se detiene ahí, son tan burladeros que cuando uno comienza a darle cuerda a otro, no lo suelta hasta que no lo ve reventar, son muy trabajadores, eso sí, y muy dinámicos , pero les encantan ponérsela difícil entre ellos , sin embargo cuando se trataba de personas influyentes , ya fuera porque tuvieran dinero o poder, muchos de ellos con facilidad se doblaban a besarles las suelas de los zapatos, es decir, se tornaban "sumisos, lambones, y tumba polvo", dando muestra de su falta de dignidad, y de su condición de mandaderos de tercero,.

Para muchos dominicanos, ya fueran hombres o mujeres, el lenguaje del dinero, era la mejor vía de comunicación, tanto asi que no habiendo otro medio de enriquecerse, todos los que querían riquezas aspiraban a enrolarse en un partido político, no con la intención de servir a la patria sino, con la intención de servirse de ella.

Y precisamente el mal ejemplo tenia el precedente de que los que no habían logrado enriquecerse con la política, creían que si llegaban a un cargo de funcionario podrían lograrlo pof lo que ya, le había contado, a lo largo del tiempo, no se había sentado un precedente, robaban y volvían a robar y nada pasaba, la sociedad se sentía desamparada en todo lo sentido, el dinero que podía ser usado para su desarrollo, un grupito lo colocaba en sus bolcillos, y luego no se le cuestionaba de donde habían salido los millones exibidos, si al ocupar las posiciones no tenían ni para vestir decentemente.

Esaera la realidad de los políticos Dominicanos, frente a un pueblo ingenuo y adormecido por la cultura del servilismo a través del mandado al tercero, del tumba polvo o lambiscón, porque carece de hacer para la nación, lo que hace para otro a cambio de una prebenda, usa la nación no para servir al pueblo, sino para servir a los amos que pagan por debajo y son cómplice de la ruina de la nación y su población.

Se puede respetar, lo que hagan los de más, pero si lo que hacen no es correcto, no es necesario apoyarlo ni compartirlo.

Se puede andar en el fango sin enlodarse, muchos traicionan al pueblo por una limosna económica y muchas veces como Judas, se van sin disfrutarla, porque lo que se genera en el libre albedrio, en el contexto se queda, es el pecado que carga tu karma.

Judas fue el peor ejemplo, por traicionar a Jesús, treinta drenarios tomó y ningunos disfrutó, alegre lo recibió y por el cargo de conciencia al que lo pago se lo devolvió, con una soga en las manos en un árbol se encrespó, e introduciendo su cuello desde allí se descolgó.

Siempre han existidos los judas y los instigadores, lo importante es despertar y reforzar los niveles de conciencia, para cuando los necios aparezcan buscando corromper los niveles de conciencia de quienes ellos pretenden usar, que se le nieguen, como se le negó Jesús. a Lucifer cuando le ofreció los reinos del mundo si se postraba antes él y lo adoraba, por lo que Jesús respondiendo con autoridad, le dijo que el no podía andar ofreciendo lo que no era de él.

El lugar donde yo estaba era cloaca de ratas, intenté correr de allí para empezar a sufrir, llegando al nuevo lugar, me creyeron criminal y en la cárcel con barrotes me quisieron encerrar , del Karma que trae la vida, nadie se puede escapar, y entendiendo mi inocencia, no me pudieron juzgar, me sentenciaron en otro con carrera criminal, de las garras del gobierno, Dios me pudo rescatar, quisieron negarme todo, pudiéndose percatar, que con el poder de Dios, ninguno puede luchar, y una pura bendición , Dios me otorgó por amor.

En el siglo XXI, muchos de los Dominicanos habían perdido la confianza entre ellos, y muchas veces si estaban en el extranjero y regresaban al país, tenían temor de decirle hasta a sus mismos familiares el día y la hora de su llegada, y hasta en la aduana al declarar lo que llevaban al llegar al aeropuerto, también debían ser muy cuidadoso, ya que se había desarrollado una clave comunicativa entre ladrones que desde que salía del aeropuerto ya lo estaban siguiendo para asaltarlo en el camino, a través "del santo y seña", que consistía en que el funcionario o empleado que trabajaba a dentro, le pasaba la información al ladrón que estaba esperando afuera, y una vez obtenido el botín, se lo repartían entre los involucrados en el asalto, y el informante.

Muchos sentían orgullo de sus orígenes, pero algunos pobres conscientes o inconscientes debido a la mala fama que con su accionar había creado el gentilicio, no querían ser ubicado en sus orígenes.

Debido a tal accionar que de alguna manera afectaba directa o indirecta mente a los Estados Salvadores, la República Dominicana se había convertido en el hijo de crianza de aquella nación de forma tal que hasta la independencia nacional se había puesto entre comillas, debido a la dependencia de la nación Dominicana de la nación Norte Americana a los niveles que hasta los partidos políticos que intentaban participar en las elecciones de los candidatos, estaban enviando a la embajada Americana el listado que aspiraban a participar en las elecciones nacionales, y aunque el instituto Duarteano había intentado de objetar tal procedimiento, parecía demasiado tarde porque ya los traidores habían empeñado el país, no para desarrollar a la nación, con salud, educación, y bonanza económica, sino, para embolcillarse el dinero.

No es lo mismo hacer ruido para intimidar, que pelear para libertar, nos habíamos convertido en cobardes que no deliberábamos ni con nuestra sombra, vivo sorprendido de mi destino porque ignoraba que lo traje conmigo, pero más sorprendido aun, porque no sabía que el contexto donde habitaba era una cloaca de ratas, y que al no ser compatible con los roedores hui de allí, y llegue a un lugar donde por suposición me confundieron con un delincuente e intentaron criminalizarme, yo creí que no me querían, pero luego me percaté que si me querían, lo que había pasado era que allí todos eran delincuentes, y el único diferente era yo, y aquellos querían ponerme al nivel de ellos.

¿De dónde vengo a donde voy, cual es mi tierra de primavera, es distinguida mi tierra, o es una nación cualquiera?

El verano de mis años me ha colocado muy alto, ya soy de cualquier lugar, mi patria es el mundo entero, el terruño que habitaba, se ha tornado un cocotero, ¿cómo le digo a mi abuelo, que ya no hay ningún consuelo, que mi tierra era mi escudo y Dios ha sido mi refugio, y que hoy quiero reafirmar lo que quiero preservar

con toda seguridad el país debe emular la gloria de su verdad preservando siempre el canto de Dios, Patria y Libertad.

En realidad se cree que el coqueteo tan cercano hoy más que nunca, de estados Salvadores y la Republica Dominicana, se debe a que existe la posibilidad de que al ser la República Dominicana uno de los países del mundo menos contaminado con químico, con la hambruna que se aproximaba, se percibía la probabilidad de que en un tiempo los Dominicanos fueran trasladados en masas para Norte América, y una vez desalojada la Isla aquella seria convertida en un Banco de alimentación continental y comenzarían el cultivo masivo de alimentos orgánicos para la alineación de Europa y América Latina, con la posibilidad de que fueran los Haitianos los capataces de la gran finca, ya que los dominicanos habían ido perdiendo la costumbre del curtivo agrícola, pero sobre todo por la creencia de muchos de que América seguía siendo la meca del oro, la leche y la miel, por lo que la Republica Dominicana se estaba perfilando como el mini-jardín del edén, donde los que lo habitaban en ese entonces no podrían volver a ser lo que eran.

A pesar de que los estados Salvadores había vigilado y cuidado celosamente a República Dominicana, Europa, sobre todo España aun en la distancia también veía al país, como su niño en el destierro, sobre todo porque ella fue la vía a través del cual se encontró lo que aun llamamos el nuevo mundo, y porque lo que era en ese entonces lo que es hoy la República Dominicana, había sido el lugar de donde partió la población y edificación de las naciones que integraron e integran a ese nuevo mundo, que al cual hoy, también llamamos continente americano o América, que como lo habíamos referido antes, se nominó con tal nombre, en honor a Américo Vespucio, el cartógrafo que acompañó a Cristóbal colón.

El honor del ser se ha manifestado en el poder de renacer porque siempre se ha de seguir adelante por encima de los vicios, las violencias, y las traiciones, de forma que cuando crean que te está arrastrando, esté de pies, ya que nuestro origen es de altura, de águilas, no de reptiles, que al ser los únicos que nacieron para arrastrarse, son los facultados para estar alrededor del fango.

¡Que frágil y delicado es este espacio, es tan simple que lo tocan y se derrite, aun asi, sigo moviéndome en el sin comprender, porque en cada amanecer te vuelvo a ver, es como un sueno de eternidad que al vivirlo contigo, no quiero despertar!.

En cualquier circunstancia, La Republica Dominicana y Haití, se han mantenido como el aceite y el vinagre, que por mas que se ha intentado juntarlos,no se ha encontrado la forma.

No obstante era como si se mantuvieran juntos, aunque no reburujados, cuando Haití sentía un dolor de pies, a la Republica Dominicana le dolía la cabeza, una revuelta del gobierno Haitiano con las bandas que intentaban crear la anarquía interna, ponía a la expectativa al gobierno Dominicano, militarizando la frontera, equipado como si fueran para la guerra que generaría la paz.

Corria el siglo veintiuno, cuando aun Los Estados Unidos Y Canada, insistían el la unificación de Haiti y la Republica Dominicana e inclusive intentaban camuflagear su proposito cuando Joe Biden el presidente de los Estados Unidos de América, Propuso que la Republica Dominicana, debería aceptar tres millones de Haitianos en el territorio Dominicano.

Frecuentemente las acciones del libre albedrio suelen agudizar el karma de los hombres pero no siempre el hombre sabe la razón de su accionar, Cristóbal Colón había dejado de representar el símbolo de descubridor para algunos países del continente Americano, lo que al principio parecía crédito, elogio y gloria, con el paso del tiempo paso a ser opresión, injusticia y destrucción, Colón se había tornado en el villano del deshonor.

El mundo continuaba, nada permanecioo estatico, la evolución de la creación nos conducia a donde íbamos:

El expresidente Donald J Trump intentaba alcanzar un nuevo periodo como presidente de los Estados unidos, mientras que la maquinaria del terror intentaba evitarlo, incurriendo en un alocado atentado, durante un mitin en Butler, Pensilvania el sábado 13 de julio del año 2024, pero como lo que Dios define nadie lo evita, se escindió con mayor popularidad para ganar, y tan solo lograron rosarle una oreja con el disparo del tirador que había logrado disparar ocho veces, tan solo acertándole una rozadura de oreja, más adelante el autor del tiroteo había sido masacrado por el servicio secreto, e identificado por el FBI como un joven de veinte años llamado Thomas Matthew Crooks de Bethel Park, en Pittsburgh.

Como se puede ver, en ese entonces de la era apocalíptica, no había amor, ni respeto, ni pudor.

Durante el segundo gobierno de L. Abin, la delincuencia había ascendido con un mayor descaro. A algunos Dominicanos les encantaba imitar a los extranjeros, por los que algunis como a Tobar Mendoza, habían decididos imitar a los polleros mejicanos, sacándole beneficio al ingreso de los haitianos a la Republica Dominicana, y optó por traficarlos en camión, ya les había dicho que algunos dominicanos

Por dinero solían hacer magia, y Tobar Mendoza era uno de ellos y había decidido introducir haitianos a la República a un precio de cinco mil pesos por cabeza.

Los introducía en un camión fingiendo hacer una ruta normal, encaminándolo hasta los alrededores de un puesto militar y buscando evadir tal vigilancia haciéndolos cruzar por una finca abandonada en la proximidad del puesto militar, hasta hacer una costumbre de tal práctica, hasta que llego el día en que una patrulla militar lo capturo con 100 mil pesos encima y cuarenta polizontes, y fue así como frenaron la carrera delincuencial de aquel.

Todo se había tornado caos y confusión, y antes tal desafío decía el señor:

------ Yo soy el que yo soy, entrenado para la gloria y las dificultades, no me importan los vejámenes ¡ No se fanaticen con política ni religión, por fanatismo intentaron matar a Trump, detrás de cada acción, hay una buena o mala orientación.

Entendemos que estamos en la era apolítica, donde habrían de nacer demonios encarnados, cuyas mentes estarían a merced de lo dispuesto por la bestia, y ese no fue el único, ya que había muchos jóvenes reclutados y con cerebros relavados para que se inmolaran al servicio de la maldad.

Todos estos acontecimientos nos inducían a tener que abrir los ojos, ya que la globalización estaba exportando más dolor, y el egoísmo traición.

Es cierto que no nos alegramos del mal de nadie, pero la justicia nunca queda atrás, cada cierto tiempo, al que es malvado, algo grande y fuerte le pasará.

Respecto a la actitud de la mafia contextual, muchas personas se preguntaba, como era que Dios le había dado por cuna, a América, para que tales malvados habitaran, y no les dio a China o a Arabia, donde por menos de tal irrespeto, lo fusilaban, a ver si se enderezaban en el espíritu, ya que tanta libertad, no era para los inconscientes, aunque debemos aclararles que el Karma acumulado desde otras existencias, inducían a acciones que parecían del libre albedrio, sin embargo, siempre pasará lo que tenga que pasar.

La violencia estaba arropando al mundo, no obstante, la globalización permitía cualquier tipo de intromisión, pero ambos países, tanto los estados unidos, como la Republica Dominicana, seguían en espera de un cambio en la política nacional, para la transformación y la justicia social.

New York, Julio 2024.

EPILOGO

Había pasado un tiempo durante el que Kan se había relacionado, e incluso se había vuelto influyente, frente a los sectores de la política nacional, había alcanzado el rango de sargento de la policía anti narcótica, y estuvo muy bien hasta que se había presentado el momento de exponer su maliciosa condición, al producirse un acto de corrupción cuando dejaron escapar un cargamento de trescientos kilos, que habían capturados, a cambio de un soborno de veinte millones de pesos, habían dejado escapar a los narcos con todo y drogas ¿Los involucrados? el teniente Gamboa, y el capitán guzmán, y el ascendido sargento Kan todo ocurrió en pleno operativo, donde se generó un intercambio de disparos para cubrir la negociación, pero los agentes narcóticos disparaban al aire con balas de salva dando a los facinerosos la oportunidad de escapar, mas ellos ignoraban que estaban siendo grabados por drónes teledirigidos al momento de aceptar el soborno.

Los drónes sorpresivos a la hora del intercambio sobrevolaban el área del operativo y los grabaron en el acto de intercambiar, dinero por libertad, lo que los puso a los tres en serios problemas, de forma tal, que al mostrar las imágenes se les vio aceptar el dinero mientras dejaban escapar a los prisioneros con todo y mercancía.

Entonces los tres fueron sancionados drásticamente, siendo humillados y destituidos en el acto, le arrebataron las insignias públicamente y fueron dado de baja por traición a la patria.

Más adelante Kan quiso limpiar su récor con el mismo fiscal que había limpiado a Kroki Pintura, pero aquel se negó, alegando que había un nuevo gobierno y que lo estabanvigilando.

Entonces viendo Kan, que necesitaba variar de escenario, se comunicó con Kroki pintura, y aprovechando la brecha de posibilidades que ofrecía la caravana, se trasladó a Colombia de donde fue recogido por una lancha que lo había llevado a Méjico de donde logró cruzar nuevamente a nueva york sin ser detectado por inmigración , donde volvió a realizar su vida sin problemas, por tales circunstancias, ya se había llegado al extremo de que se generara una autocrítica del despertar, para la transformación social, el sistema no estaba respondiendo a los requerimientos de equilibrio y paz antes la población, porque para que un pueblo experimentara la felicidad, era necesario tener asegurada la salubridad, y la alimentación de su conglomerado, lo que se requería retomar el cultivo de las tierras, para fundamentar la economía, creando y expandiendo la plusvalía al servicio de las mayorías, era la manera de reorganizar una sociedad, caóticamente anarquizada, donde los Alibabas depusieran su fusta.

No obstante, del otro lado de la frontera en Haití, los tambores del vudú continuaban sonando, como si desde la profundidades de las junglas rurales se hubiesen invocados a los espíritus de la magia negra, para que Haití se mantuviera atada al dolor del abandono, las bandas de bandoleros entrenados continuaban sembrando incertidumbre a la nación, sin que lograran ponerse de acuerdo, habían surgidos bandas integradas por mercenarios internacionales que habían llegados a intensificar la violencia local, en ese entonces se vivía en el año 2024, y Babe kut, un ex policía sublevado, había reunido a un amplio grupo de facinerosos que se habían dedicados a hacerle la vida más difícil a sus congéneres, al tiempo que salpicaban a la Republica Dominicana, que era como una madre que sufría por los malestares acontecidos al primo lejano que habitaba al otro lado de la empalizada.

En ese tiempo, Haití era precedido por Jovenel Moise, quien un día antes de la toma de posesión del primer ministro Ariel Henry, había sido asesinado,

En el 2024, el primer ministro Haitiano Ariel Henry, había sido invitado por los Estados Unidos a visitar a Washington, y de ahí había sido llevado a Kenia, en busca de ayuda policial para combatir la delincuencia interna de la nación del vudú, y una vez enterados los pobladores de la tierra del vudú, se habían negado a dejarlo volver ,por lo que aquel había intentado aterrizar en la Republica Dominicana, pero por asunto de estrategia, el gobierno Dominicano tampoco lo permitió, viéndose precisado a aterrizar en Puerto Rico.

Aunque se desconocía cuál sería el desenlace final, los analistas políticos no eran del todo positivo a la hora de predecir el futuro de aquella nación, principalmente cuando aparecía un ex=jefe de la policía que también había sido senador, se llamaba Guift Felix, quien además había sido extraditado y encarcelado en los Estados Unidos por Narco tráfico, y una vez cumplido el tiempo de sentencia, había sido deportado para Haiti, reapareciendo aquel del lado de los malos, encabezando otra banda.

Haití se había vuelto un problema de todos, que nadie quería resolver, porque superaba las matemáticas de los políticos de ese entonces, y la República Dominicana, a pesar de realizar puchás, y levantar sus pesas, no era lo suficientemente fuerte, para levantar la carga que significaba el pueblo Haitiano, por el contrario, el pueblo dominicano a pesar de todas las malicias que por cierto confundía con sabiduría, debía ser ayudado, no usado, porque a pesar de los siglos transcurridos, no habia despertado y olvidaba fácilmente su historia.

600 años después, continuaba eligiendo a testaferros dispuestos a continuar ensayando el cambio de oro por espejos, tal y como ocurrió a principios de la llegada de colón y su tripulación con los nativos encontrados, y que repitiendo la historia y por prebendas personales, lo mismo hizo L. Fernand, con el 97/ 3 a favor de la Barry Gold, y en perjuicio de la población, ignorando el ejecutor que el resultado de tal acción, sería un veneno para la nación, que atentaría contra su salvación.

Antes los fracasos de los políticos tradicionales, los empresarios en diversos países del planeta, habían empezado a postularse en busca de la dirección del gobierno, la Republica Dominicana no había sido la ex cesión, donde los pobres vendían el voto por lo que le ofrecieran, el pueblo había optado dejar que un rico lo gobernara, porque entendía que un rico no necesitaba saquear el erario público, porque tenía dinero, L Abin que estaba concluyendo su primer gobierno, en ese entonces buscaba la relección, y aunque sus adeptos creían que lo había hecho mejor que los gobiernos anteriores, no dejo de reinar la incertidumbre, por lo que se le advirtió:

Es verdad que todos son una dudosa costumbre de la tradición, pero donde no hay nada, hay que votar por lo que inspira ser lo mejor

L. Abin había logrado retener el gobierno, y el pueblo seguía esperando una transformación que aún no llegaba. .

New York. Julio 2024.

SINOPSIS

LA FUSTA DE LOS ALIBABAS: Afectación a la Humanidad

MARIANO MORILLO B. PhD. Muestra la llegada de Cristóbal Colón, como el viaje de la transformación, donde una aventura planetaria retroalimentaría la condición existencial del hombre.

La Fusta De Los Alibabas es la autocrítica contextual, para la redefinición global, el Continente Americano a excepción de los Estados Unidos, como parte del continente, en su rol de estados salvadores, siempre había sido el lacayo de las grandes potencias del planeta, pero todo obedecía a la idiosincrasia social y personal, de la maquinaria que patrocinaba la política contextual, quienes habían heredados la condición social de sus conquistadores, desde el momento en que abordaron al nuevo plano.

Las mentiras, la demagogia, y la ambición, fueron las marcas de la decepción, de una población tras la búsqueda de una aparente libertad que le había desprendido de la apreciación consciente del equilibrio social, en una democracia ficticia, donde se habían invertidos los roles, poniendo la maldad por encima de la bondad.

El planeta estaba en caos, la lucha del hombre contra el hombre, incrementaba el valor de los animales, induciendo a que los habitantes del contexto, no vieran con claridad, lo que acontecía, habían logrado crear un sistema de esclavitud donde la sociedad se deterioraba y el hombre confundía su accionar.

www.ingramcontent.com/pod-product-compliance
Lightning Source LLC
Chambersburg PA
CBHW050337010526
44119CB00049B/585